Hiroki Kazato
風戸裕樹

なぜ富裕層は海外不動産に投資するのか

本気で資産を増やしたい人の
最終手段

はじめに

日本はどんどん貧しくなっている。それも急激に。
そのことを、海外を移動していると強く実感します。特にアフターコロナで海外渡航が自由にできるようになった２０２２年、多くの国を訪れましたが、東南アジアの人気観光地であるタイですら、日本より物価が高いものが増えていたことに驚きました。

日本が貧しくなった要因は、賃金上昇が乏しいことと、円安です。１９８０年代のバブル崩壊後、賃金の上昇をしてこなかったことが、今、ボディブローのように効いてきており、他の先進国の賃金とは大きな差が開いてしまいました。また、ＦＲＢ（アメリカの中央銀行における中心的な意思決定機関）をはじめとした、各国中央銀行によるインフレ抑制のための利上げに端を発した円安が長く続いており、日銀の植田和男総裁がイールドカーブ・コントロールを継続実施していることによる円の一人負けは、前述のタイのような新興国通貨でも、過去10年で30%程度、円安になっています。
本書では、そのような現実を受け止めた上で、日本人が富裕層になるためにとるべき行動について、解説していきます。

実のところ、今の日本経済のなかだけでは、富裕層になることがどんどん難しくなっています。アフターコロナの資産・資源価格上昇によって富裕層はさらに豊かになり、中間層以下は相対的に貧しくなっているのが実情です。しかも、我が国日本のように賃金上昇力が世界的に見て著しく弱い国においては、賃金に期待して富裕層になることはほぼ不可能です。詳しくは後述しますが、日本にいるかぎり、何らかの投資を行い、持っている資産を増やしていく努力なくして、富裕層になることはできないのです。

それでは、実際にどのような行動をとれば富裕層になれるのでしょうか。本書が提案するのは、「投資の選択肢として海外不動産を加えること」です。

「なぜ日本ではなく海外不動産なのか」

こうした疑問を持たれることでしょう。また、「富裕層」とか「海外不動産」と聞くと、限られた人だけの投資機会だと思われるかもしれません。しかし、世界でも多くの方が、海外不動産投資を行うことで、富裕層へのステップアップを実現しています。今、日本においても、海外不動産を購入する方は、一般企業に勤められている方もいれば、学生もいます。なかには日本で不動産を所有しておらず、海外不動産が初めての不動産購入だという方もいます。そのくらい、誰にとっても身近な話なのです。

意外に思われるかもしれませんが、新型コロナウイルス・パンデミックで歴史的な円安があったことで、多くの日本人が海外への資産分散をはじめました。それも、2020年及び2021年は渡航することがほぼできなかったために、現地に行くことなく海外不動産を購入していたのです。

それはなぜか。この疑問については、本編で順を追って丁寧に説明していきます。

また、実際に海外不動産投資を行おうとすると、そこには海外特有のリスクが存在します。外国人が不動産を購入する際の法制度も国によってバラバラで、一度に理解することは困難です。本書ではそのようなリスクや主要国の法制度の違いについても、細かく解説しています。リスクや制度を事前に知っておくことで、より安全に物件購入ができるようになるでしょう。

特に、投資先としておすすめの8カ国については、不動産の現在の市況について記載し、国によっては現地のエージェントを取材して、注目すべき物件を挙げていただきました。今、まさに売りに出されている各国の物件を比較することで、より解像度があがることと思います。

本書を通じて、皆さんが世界の不動産に投資することで資産を増やすとともに、それ以上の多くの学びと経験が得られることを願っています。

風戸裕樹

なぜ富裕層は海外不動産に投資するのか

Contents

Chapter 2
【投資先有力候補1】アメリカ合衆国
──世界最大の経済大国は不動産取引のサービスと安全性もトップクラス

Chapter 3
【投資先有力候補2】フィリピン共和国
——英語による取引が可能でバランスのとれた初心者にも安心の有望投資先

Chapter 6
【投資先有力候補5】マレーシア
――東南アジアで唯一土地購入が可能、開放感あふれる住空間で移住人気ナンバーワン

Chapter 7 【投資先有力候補6】タイ王国
——日本人に人気の観光大国攻略のカギは日系デベロッパー探し

Chapter 10 海外に踏み出すために知っておくべきポイント

Chapter 11 富裕層へのロードマップ

凡　例

・各国の「移住人気ランキング」は、一般社団法人ロングステイ財団調べ「ロングステイ希望国・地域2019」によります。

・本書の情報は、記載のない限り2023年6月時点のものです。

・本書で紹介している物件についての免責事項

1.ご購入タイミングによっては、分割金の残存月数が少なくなるため、分割金の価格が上昇することがあります。

2.販売済の場合はご容赦ください。購入時にはアドバイザリー報酬が発生します。アドバイザリー報酬は、各不動産会社によって異なります。

3.表示価格は、デベロッパー、為替変動などの要因を受けて変動することがあります。

4.物件価格のほか不動産引き渡しや公証費用などの諸費用等が発生いたします。

Chapter 1

富裕層を目指したければ海外不動産に目を向けるべき理由

「富裕層」とは1億円超の資産がある人

２０２３年３月、野村総合研究所は、２０２１年の日本における富裕層の世帯数が、２００５年に推計を開始して以降、最多を更新したことを発表しました。２０１３年の「アベノミクス」以降、一貫して増加を続け、２０２０年に広まった新型コロナウイルス感染症のパンデミックでも、その勢いは衰えませんでした。

ではそもそも、富裕層とはどういった人たちのことを指すのでしょうか。定義は様々にありますが、ここでは野村総合研究所が国税庁や総務省の調査などから推計している図を紹介します。

三角形の一番上が「超富裕層」で、世帯の純金融資産保有額が５億円以上。次が「富裕層」で、１億円以上、５億円未満となっています。以下、「準富裕層」が５０００万円以上、１億円未満。「アッパーマス層」が３０００万円以上、５０００万円未満。「マス層」が３０００万円未満です。

純金融資産保有額とは、預貯金や株式、債券、投資信託、一時払い生命保険や年金保険

図表1-1 富裕層の定義

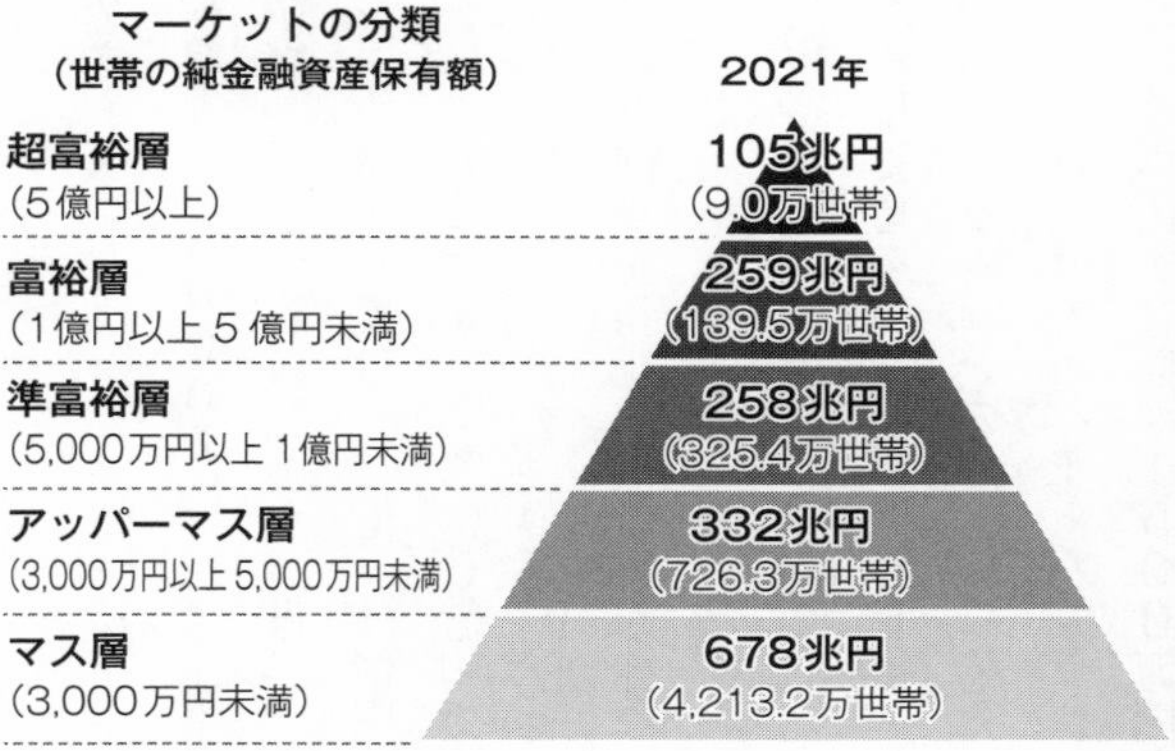

出典：野村総合研究所

など、保有する金融資産の合計額から借入などの負債を差し引いた金額のことをいいます。

この純金融資産保有額が1億円に満たない準富裕層やアッパーマス層、マス層の人たちのなかで、本気で富裕層になりたい人たちに向けて、世界の不動産投資を投資手段の一つとして検討する手助けを行うのが本書の目的です。

富裕層だけが得られる恩恵とは？

しかし、この野村総研の富裕層の定義は、あくまでも日本人向けのもの。海外では、1億円程度の資産では富裕層とはいえません。たとえば、私がかつて在住していたシンガポールでは、プライベートバンクを使える人が富裕層と呼ばれていました。

プライベートバンクに口座を開設するためには、米ドルで500万ドル（1ドル130円換算で6億5000万円）の金融資産を預ける必要があります。つまり、日本では「超富裕層」とされる人たちが、世界でいうところの富裕層なのです。

シンガポールでは、2億～3億円の金融資産でも口座を開設してくれるプライベートバンクはありますが、実際は5億円でもプライベートバンクを活用するには資産が不足しているといわれています。10億円程度の金融資産が一般的で、その上、別のプライベートバンクにも同額を預ける人たちが少なからず存在していました。2行合わせて20億円以上。こうした人たちが、世界では富裕層と呼ばれているのです。

富裕層がプライベートバンクに大金を預けるのは、富裕層と呼ばれたいからでは、もちろんありません。プライベートバンクに預けることによって資産を守りながら確実に増やすのが目的です。その仕組みを紹介しましょう。

たとえば、プライベートバンクに1年定期で5億円を預けるとします。預金金利が3％なら、5億円×3％＝1500万円を1年後に受け取れることになります。

これだけなら単なる銀行と同じですが、プライベートバンクでは、この定期預金を担保にプライベートバンク向けの優遇金利でお金を借りることが可能です。しかも、借りられる上限額は預金の約9割。つまり、金利約1～2％程度で4・5億円を借りることができるのです。

この4・5億円で米国債を買ったとしましょう。受取金利が4％だとしたら、4・5億円×4％＝1800万円を利息として受け取れます。

さらに、この米国債を担保に4億円を借りることができ、それでまた別の投資を行う。これが「2階建て」「3階建て」といわれる、世界の富裕層が行っている投資方法です。投資して受け取る金利から、支払う金利を差し引いた分だけ資産が増えます。先ほどの例で言うと、仮に4・5億円の借入金利が1％とすると1年で増える資産は、1500万円＋1800万円から借入金利の450万円を差し引いた2850万円、利率にして5・7％です。3階建てで投資していれば、さらに資産は膨らみます。定期預金と米国債という、比較的安全性の高い投資でもこれだけ増えるのです。

手数料や税金なども発生しますので、実際にはこの試算金額よりも減りますが、それでも年5％以上の利率で資産が増えるわけで、富裕層がいかに簡単かつ安全に資産を増やしているかがわかると思います。

金利がほぼ0％の日本の銀行しか知らない人たちにとっては、夢のような仕組みでしょう。世界基準の富裕層になることで、より安定的に資産を増やす金融サービスが提供されているのです。逆に言えば、富裕層になるまではこのようなサービスを享受できない。つまり、まずは富裕層になるための行動が不可欠となります。

プライベートバンクが日本から撤退した理由

かつては日本にも、ＨＳＢＣ（香港上海銀行）や米シティバンクなど、海外から進出してプライベートバンク事業を行っている銀行がありました。しかし、現在はそのすべてが日本から撤退しています。その理由は、日本人はプライベートバンクにお金を預けるだけで、それを担保にお金を借りて新たな投資を行うことをしなかったからだといわれています。日本人は金融リテラシーが低いどころか、行動にも移さない投資音痴だということを、世界が認めていると言っても過言ではありません。

プライベートバンクは、金利や手数料によって儲けを出しています。それらがたった1%だったとしても、100億円なら1億円です。ですから、大きな金額を預けてもらい、それを担保に大金を借りて、さらに金融商品を大量に買ってもらうことで儲かるわけです。しかし、債権、投資信託、投資貯蓄型生命保険、さらなる投資促進のための2階建て、3階建ての借り入れ投資を日本人が行わなかったために、外資系のプライベートバンクは日本から撤退していったのです。

シティバンクのリテールバンク事業を買収したSMBC信託銀行やスイスのUBSグループなどは、今も日本でプライベートバンク事業を行っていますが、世界的に見れば、プライベートバンクと胸を張れるサービスを提供しているとは到底いえません。海外ではこの規模のサービスはプライオリティバンクといって、準富裕層、アッパーマス層のための銀行サービスのカテゴリーと認識されています。いずれにしても、かなり小規模であることは間違いありません。

つまり、銀行をはじめとした日本の金融機関には、こうした富裕層向けの金融サービスがほとんどないのが現状なのです。そのため、アメリカやシンガポール、香港、マレーシア、ドバイなどの海外に移住する日本人は、そこで提供されている金融サービスを享受するのが目的であることも少なくありません。

日本と異なる海外の金融サービス

海外には、プライベートバンク以外にも、様々な富裕層や準富裕層向けの金融サービスがあります。たとえば、保険です。

日本には、「養老保険」などと呼ばれる生命保険があります。同様の保険は海外でも販売されていますが、購入の仕組みが大きく違います。

日本の養老保険は、万一の死亡時に受け取れる金額、仮に5000万円だとしたら、30年間などと定められた期間に分割で5000万円を支払う仕組みになっています。月々の支払いを貯蓄しているのと同じなので、保険期間中に死亡しなければ、満期時に同額を受け取ることができます。

海外では、こうした保険を月々の分割払いで購入するのではなく、一括先払いで購入します。万一のときに受け取れる保険金額が5000万円なら、最初に5000万円を支払うのです。

しかし、５０００万円をすでに持っているのなら、それを万一に備えて貯蓄しておけばいいわけで、わざわざ保険に入る必要などありません。５０００万円の保険に入るのは、日本同様、５０００万円を持っていない人たちです。

では、どうやって購入しているのでしょうか。海外では、保険を購入する際、銀行がその保険を担保に７割程度、５０００万円の保険を購入する場合なら３５００万円を貸してくれます。つまり、手持ち資金１５００万円で、５０００万円の保険を買うことができるのです。

契約者が保険期間中に死亡した場合、銀行は貸した３５００万円の返済残金を団体信用生命保険から受け取れるので損をすることはなく、契約者も死亡時に５０００万円を受け取れます。

そして、保険期間中に死亡しなければ、５年後に５％、10年後に７％、15年後に８％といったように、一定期間ごとに配当を受け取ることができます。５０００万円の５％は２５０万円、７％は３５０万円、８％は４００万円、これだけでも合計１０００万円です。

銀行から借りた3500万円は分割で金利とともに返済しますが、支払い金利は1%台です。受け取る配当は5000万円に対して高利率、払う金利は3500万円に対して低利率なので、資産は着実に増えます。

私はシンガポールに移住した際、こうした保険を真っ先に購入しました。万が一に備えることができるだけでなく、確実に資産を増やせるのですから、買わない理由がありません。

シンガポールに暮らす人たちは、富裕層でなくとも、こうした方法で保険を購入し、日々働きながら万一に備えるとともに資産を増やしています。配当は子どもの教育資金に充《あ》てたり、住宅購入の頭金に充てたりしています。このような保険購入時に銀行が貸付をしてくれる仕組みは、日本にはありません。

「属性重視」の日本と「担保重視」の海外

世界には準富裕層やアッパーマス層が富裕層になるための金融サービスがいくつも存在しています。一方、日本にはこうした金融サービスがないため、富裕層になりたくても、その道筋がありません。日本の金融サービスは、世界に大きく後れをとっている状況なのです。

その原因はいくつも考えられますが、たとえば、日本の金融機関の融資に対する「属性重視」の姿勢を見ても、いかに時代遅れかがわかります。

日本では、大企業に勤務していれば何千万円というお金を借りられますが、契約社員やフリーランス（個人事業主）は、ローンを組むことが非常に難しく、組めたとしても、条件は大企業で働く人とは異なります。

一方、海外は「担保重視」。住宅を購入するためであればその住宅が、保険を購入するためであればその保険が担保になるので、そのうちの一定割合のお金を貸してくれます。個人の信用を表すクレジットスコアによって条件は変わりますが、勤務先や年収などは、ほぼ関係ありません。

日本の属性重視も、かつては合理的だったのかもしれません。しかし昨今は転職が当たり前となり、終身雇用の神話は崩れつつあります。今、大企業に勤めているからといって、10年後も同じ企業に勤めているとは限りません。たとえ本人が転職しなくても、大企業といえども買収されることもあれば、倒産することもあり得る時代です。大企業に就職したから将来も安泰という時代では、もはやないでしょう。

日本の金融機関は、こうした日本社会の大きな変化に対応できていないだけではなく、担保の裏付けとなる資産を正しく評価できていないともいえます。

日本の賃金で富裕層になるのは不可能

では、海外に移住すれば、日本にはない金融サービスを活用することができ、資産を増やして簡単に富裕層になれるのではないか。

こう思った方もいるかもしれません。確かに海外移住は、選択肢の一つではありますが、現実的に、海外にＦＩＲＥを目的として移住しようと思ったら、最低でも1億円の資産が必要でしょう。その理由は世界的な物価の上昇です。

過去には5000万円でも移住できる新興国もありましたが、現在の「スターバックス指数」（36ページ参照）を見ると、タイなどは日本よりもすでに高くなっています。実際に生活する上でのコストは日本と大きくは変わらず、当然、金融サービスを活用するにも多額の資産が必要です。つまり、まずは日本で富裕層と呼ばれるぐらいにならないと、ただ海外移住するだけでは、資産を増やすことはできないのです。

では、日本に居ながらにして、どうやって1億円超の資産をつくれば良いのでしょうか。

まず考えられるのが、一生懸命働いて働いて、賃金で1億円を貯める方法です。しかし、税引き後の賃金だけで1億円を貯めるのは、年間200万円貯蓄できたとしても50年、その間に海外の物価高が進み、円の価値も低下していく可能性が高く、100年かけても不可能かもしれません。ベンチャー企業の経営者や会社役員などであれば別ですが、一般的なサラリーマン——給料をもらう人では、難しい現実があります。

そのことに薄々感づいている感度の高い若者たちは、自ら起業するか、ベンチャー企業で働くことを選んでいます。ストックオプションで株式を持っていれば、株式公開時や買収時に富裕層の仲間入りができるからです。

大企業を選ぶ若者が減っているのは、その硬直した企業文化を嫌っていることもありますが、将来の資産形成を真剣に考え、賃金の低さや将来性のなさ、そしてリスクを冒《おか》して

図表1-2 G7各国の実質賃金の推移

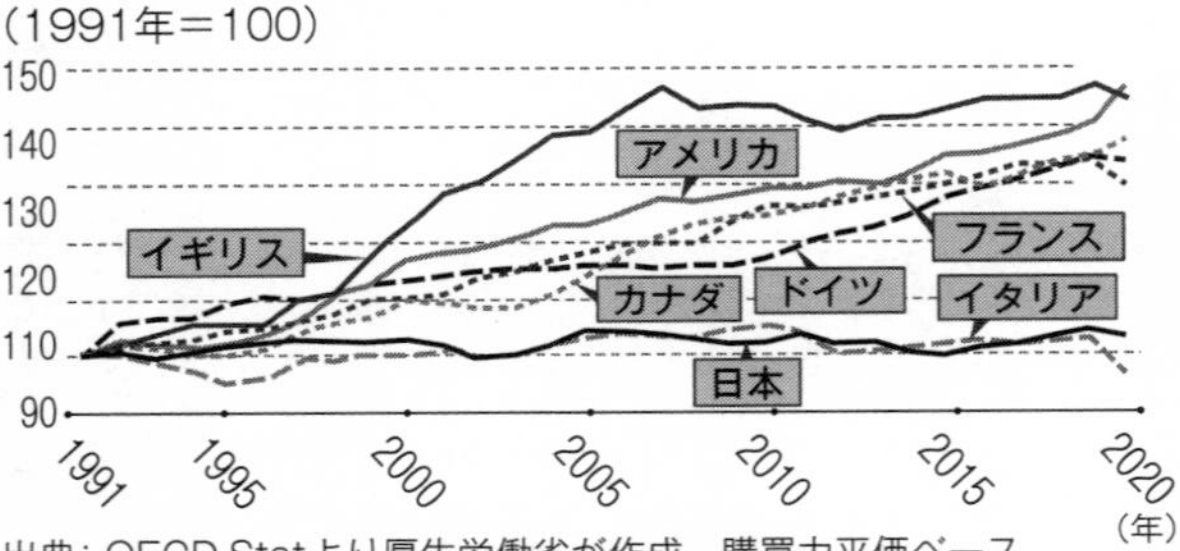

出典：OECD.Statより厚生労働省が作成。購買力平価ベース。
（注）1991年を100とし、推移を記載している。OECDによるデータの加工方法が不明確なため、厳密な比較はできないことに留意。なお、日本の計数は国民経済計算の雇用者所得をフルタイムベースの雇用者数、民間最終消費支出デフレーター及び購買力平価で除したものと推察される。

でも富裕層になるための行動をとっているともいえます。そして実際に、若い世代の富裕層は確実に増えてきているのです。

図表1－2は、OECD（経済協力開発機構）の試算を元に作成したものですが、この30年間、日本の平均賃金がほとんど上がっておらず、横ばいなのがわかります。上昇率は、たった0・4%です。

他方、アメリカ、カナダ、ドイツ、フランスなどの国々の平均賃金は上がっています。お隣の国、韓国とは、2000年当時、約1万ドルもの平均賃金の差があったのが、15年には逆転され、さらにその差が広がっています。

日本の平均賃金が上がっていないということ

は、相対的に日本人が貧しくなっているということです。同じ仕事でも、海外のほうが賃金が高いのであれば、海外に出稼ぎに行くことも選択肢の一つになるでしょう。

たとえば、今、世界的に寿司の人気が高く、海外では寿司職人が不足しています。そのため、海外では寿司職人に年収２０００万円を払うケースも一般的になりつつあります。その日本で同額の年収をもらっている寿司職人は、ほんの一握りでしょう。その結果、海外に出稼ぎに行く寿司職人が増えているのです。

また、一般的なビジネスパーソンだけでなく、経営幹部レベルでも日本の給料は相対的に安くなっており、アメリカやカナダ、中国、シンガポールなどよりも低いのは当然として、韓国、フィリピン、インドネシア、タイよりも安いという驚くべき事実があります。「失われた30年」などとよくいいますが、こうした数値を見ると、日本がこの何十年かの間に、世界的に見て、どんどん貧しくなっていることがわかります。

額に汗して働くことは大切ですが、それだけでは富裕層にはなれないというのが、今の日本の現実なのです。

住宅価格の上昇が期待できるのは東京3区だけ？

賃金だけで富裕層になれないのだとしたら、資金をつくり、その資金で何らかの投資を行って資産を増やすことが、富裕層になるためには必要不可欠となります。まず考えられる方法の一つが、国内不動産への投資です。

しかし、日本の人口が今後も減り続けることは間違いなく、現在でも増加する空き家が問題になっていることを考えると、日本全国の住宅価格がこれから上昇することは絶対にありません。日本全国を見渡しても、将来にわたって人口が増える可能性があるのは東京くらいでしょう。札幌や仙台、横浜、名古屋、京都、大阪、福岡などの大都市は、観光ニーズの高まりなどもあって、商業不動産の価格は上昇の可能性がありますが、住宅価格については、なかなか厳しいと言わざるを得ません。

では、日本にはもう、住宅価格上昇が見込める場所は本当にないのでしょうか。

私は、東京都港区、渋谷区、千代田区の3区と、その周辺エリアに限っては、将来にわたって確実に住宅価格が上昇するだろうと考えています。周辺エリアというのは、徒歩5

分でこの3区に入れるエリアです。

もちろん、実際にはそれ以外にも局地的に住宅価格が上昇する場所はあるかもしれません。ただ、不動産投資という観点から、リスクに見合ったリターンが確実に得られるエリアは、日本中探しても、それほど多くないことは確かでしょう。

ではなぜ、この3区なのか。理由の一つは、すでに住んでいる人たちの所得が高いからということが挙げられます。青山界隈に、年収2000万円以下で住んでいる人はほとんどいないでしょう。現に港区在住者の平均所得は1400万円となっています。

このエリアの不動産をすでに所有していれば、資産が1億円を超えることはほぼ間違いなく、富裕層といえます。そのような人たちが、利便性の高い現在の住宅を安く売ることは考えにくいので、新たに買いたい人たちは、現在の相場よりも高い値段で手に入れるしかありません。

したがって、この3区に限っては、今後さらに住宅価格が上がっていき、超富裕層だけが住むエリアになっていくのではないかと予想しています。

そして、この3区の住宅価格が上がる可能性が高いもう一つの理由は、外国人からの人気が高いことです。外資系金融機関に勤めている外国人などが多く居住している上、海外の富裕層が、投資目的かセカンドハウスかは別として、すでに多くの住宅を購入しています。

この傾向が今後も続くと考えれば、供給が大幅に増える可能性がない以上、需給バランスによって住宅価格は上がり続けることが予想できるというわけです。

なぜ、この3区に外国人が住みたいと考えるのか、その理由はシンプルで、英語が通じるからです。言葉の問題は生活をする上で非常に重要です。英語で何の不自由もなく暮らせるエリアが、この3区だということです。

富む人が集まるエリアの不動産は上昇の可能性があるということは、このエリアの不動産所有者の資産はますます増え、それ以外の人との格差が広がるともいえます。格差社会は日本でも着実に進行しています。しかしながら、このエリアの不動産価格上昇力以上の都市が、世界を見渡せばたくさんあることも事実です。

プロも狙う徒歩5分のすぐ外側のエリア

もし、港区、渋谷区、千代田区の３区が超富裕層だけが住めるエリアになったとしたら、それ以外の山手線沿線の内側が富裕層の住むエリアになり、富裕層以外はこれらのエリアに住めなくなる可能性が高いというのが私の予測です。

それを見越して、今から国内で不動産投資を行うなら、３区のすぐ外側のエリアが狙い目です。たとえば、千代田区の西側であれば、新宿区四谷。歩いてすぐに千代田区に入れるけれど、住所が新宿区になる分、住宅価格が安くなります。千代田区の東側であれば、台東区台東なども、狙い目かもしれません。

とはいえ、こうしたエリアの住宅も、準富裕層やアッパーマス層が気軽に買える価格ではありません。買えるのは、１億円超のローンを組むことができる人、あるいは夫婦で世帯収入が２０００万円以上、金融資産が５０００万円以上ある準富裕層のパワーカップルぐらいではないでしょうか。そして何より、不動産のプロが競争相手になります。

もちろん、日本の住宅・不動産投資を通じて富裕層になる方法もゼロではありません。その方法については、改めて説明いたしますが、利回り重視の不動産選定ではなく、キャピタルゲイン重視の選択をする必要があります。日本ではそれが一部の人にしかできにくい構造になっているということだけ、ここでは述べておきます。

さて、日本の多くの地域の住宅価格が上がらないということは、今と変わらない価格で現在の住宅を買えるということです。それのどこが悪いのか、悪いことではないのではないかと思った方もいるかもしれません。

しかし、世界の多くの都市では、住宅価格が上がっています。そんななか、日本の都市の住宅価格だけが上がっていないのだとしたら、賃金同様、世界経済から取り残されていくことになるのは明白です。それはつまり、相対的に日本が貧しくなっていくということでもあります。もう海外旅行に行くのは諦めました。輸入品は買わず、国内で生産されたものだけで生活していきます。そんな内向きの日本でいいのか、ということです。

やはり、賃金にしろ、住宅価格にしろ、これから見ていく物価にしろ、少しずつ上がっていくのが健全な経済だと思います。

東南アジアの物価は日本を追い抜く？

賃金と住宅価格に続いて、世界各国の物価の推移を見てみましょう。図表1－3の「ス

図表1-3 スターバックス指数で見る各国の物価比較

国（都市）	価格（USドル）	価格（日本円）
シンガポール	4.90	710
アラブ首長国連邦	4.29	622
韓国	4.11	596
オーストラリア	3.97	576
タイ	3.64	528
日本	3.57	518
ベトナム	3.42	496
アメリカ合衆国	3.26	473
フィリピン	3.26	473
カンボジア	3.25	472
インドネシア	3.08	447
マレーシア	3.04	441

（日本円は1USドル＝145円として換算）
出典：SavingSpotを元に筆者作成

ターバックス指数（世界のスターバックスで販売されているラテの値段によって、各国の通貨の購買力平価を比較する方法）」を見てもわかるように、日本が長期のデフレに苦しむなか、世界各国の物価は上がっていきました。

20年前、30年前に東南アジアを旅行した経験のある人などは、東南アジアの物価は日本に比べて格段に安いと、今でも思っているかもしれません。しかし、先ほども少し触れたように、たとえばタイの首都バンコクでは、地元の人向けの屋台やファストフード店なら数百円でランチを食べられますが、衛生上も申し分のない清潔感のあるレストランを選ぶとなると、ランチでも１０００円では食べられません。

同じように、タイ以外の東南アジアの国々でも物価は上がっています。さすがに日本よりも高いという印象はまだありませんが、昔のように格段に安いという印象もありません。

世界的に資源価格が上昇しているため、日本の物価も上がり始めました。ただ、これは世界的な傾向なので、日本以上に物価が上がっている国も多々あります。東南アジアの物価が、将来、日本より高くなっても、私は何ら驚きません。

実際、近年の円安もあって、アフターコロナに日本に来る外国人の多くは、「日本のほうが自国よりも物価が安い」と感じています。来日する外国人が多く、日本観光の人気が高いのは、そういう側面もあるのです。これまでは、リタイアした日本人が物価の安い東南アジアに移住していましたが、日本の物価が世界的に見て安いとなれば、今後は逆に、リタイアした外国人が日本に移住してくるかもしれません。

言葉の壁はどんどん低くなっており、英語を話せる日本人の若者も増えています。英語を話せる外国人にとって日本は魅力的な移住先になる可能性が十分にあり、移住してきた外国人のメイドとして日本人が働くなどということも、この先、可能性としてなくはないのです。私はそうなる前に日本の経済を促進し、少子・高齢化対策の一つとして、外国人の移住に対してもっとオープンな政策を速やかに取る必要があると考えています。英語が話せないことは、外国で働き外貨を稼ぐことが容易でなくなるだけではなく、高齢者になったときに、日本国内でのサービスが英語主体になっていたら不自由をすることにもなります。さらには、外国でＦＩＲＥをするなんてもってのほかです。

海外資産のほうが将来性あり

円安になるということは、それだけ円の貨幣価値が下がるということで、海外からモノを買う力が減少します。小麦や食料油の価格が上がれば、パンやラーメンをはじめ、ありとあらゆる食べ物の価格が上がることを、現在、私たちは痛感しています。

円安傾向と資源価格の上昇が続けば、日本円をいくら節約して貯蓄しても、海外旅行に行くどころか、日本で豊かな生活をすることすら難しくなります。日本円で給料をもらい続けること自体に危機感を持つ必要があるのです。２０２２年来の円安により、今まで直視していなかった不都合な現実を、多くの人が実感しているのではないでしょうか。

こうしたことを考慮すれば、円以外の資産、海外の不動産などに投資することは有力な選択肢の一つになります。

日本が貧しくなるからといって、自分も等しく貧しくなることを甘受する必要はありません。海外の不動産を購入し、その価値が上がれば、日本とは関係なく資産を増やすことができます。

日本の未来と、私たち一人ひとりの未来は別ものです。日本経済が徐々に衰退していくのであれば、海外に目を向ければいいのです。これから人口が増えて経済が成長していく国のなかには、今は比較的安価だけれども、5年で不動産価格が2倍になるような都市も多くあります。手堅く価格上昇が見込める海外不動産への投資は、資産を増やす方法として、十分に検討する価値があるでしょう。

繰り返しますが、富裕層になりたい人、日本経済の衰退にあわせて自分の資産を減らしたくない人は、海外に目を向けるべきなのです。いっそのこと、海外で働くことを視野に入れるのも一つです。これは次世代の話ではなく、現役世代こそ真剣に考えるべきことだと思います。

海外の不動産を購入して自分の資産を増やすことは、YouTuberとして成功するよりも、仮想通貨（暗号資産）で「億り人（億単位の資産を稼いだ人）」になるよりも、間違いなく手堅い選択肢であり、成功の可能性が高いでしょう。

まえがきで「なぜ日本ではなく海外なのか？」という問いを提示しましたが、それに対する答えは、こうした日本経済の、将来性のなさにあります。残念ながら、このまま構造改革や大変革が行われなければ、これから10年、20年と日本は凋落していくことになるでしょう。構造改革を実施すると言ってできなかった日本に、この先１００％の期待をすることは難しいと言わざるを得ません。だからこそ、あなた自身の行動が試されているのです。

日本経済の未来が明るくないのであれば、日本よりも未来が明るい海外の国に投資することを検討してみませんか。それが、富裕層になるための道筋として、私が提案したいことです。また、今後、円が相対的に弱くなっていくという現状では、できるだけ早く海外への投資を行わないと、手遅れになってしまいます。実はあまり時間は残されていないかもしれません。

なぜ新興国の不動産に投資するのか？

海外への投資を考えたとき、真っ先に思い浮かぶのは、米ドル資産への投資でしょう。米ドルを購入して預金する外貨預金なら、誰にでもすぐにできます。

日本に居ながらアメリカ企業の株式を購入して保有することも可能ですが、銘柄の選定など、ややハードルが高いかもしれません。ただ、アメリカの代表的な株価指数、「NYダウ」と呼ばれるダウ・ジョーンズ工業株価指数や「S&P500」の値動きに連動する投資信託を購入することは気軽にできます。

Chapter2で詳しく述べますが、アメリカは不動産投資も魅力的です。日本円や国内不動産といった日本資産しか持たないよりも、米ドルやアメリカの不動産などの米ドル資産を加えて持っておくことで、日本が衰退する「日本リスク」に対処しながら資産を増やすことができます。

しかし、準富裕層やアッパーマス層の人が富裕層を目指すなら、それだけでは不十分です。それに加えて、今後さらなる成長が見込める新興国に投資し、新興国の経済成長にあわせて新興国資産を増やしていく。これができてはじめて、富裕層の仲間入りが可能になります。リスク分散の観点からも、3カ国以上に資産を分散して保持しておくことには高い価値があります。

ただ、外貨預金を考えたとき、先進国通貨であれば、ユーロはもちろん、英ポンドや豪ドル、スイス・フランなどでできますが、タイ・バーツやフィリピン・ペソ、マレーシア・リンギットなどは、ごく一部の金融機関でしか預金できないことは事実です。また、1997年のアジア通貨危機の印象が強く残っているために、新興国通貨はいつ急激に下落するかわからず「怖い」と思っている人も多いのではないでしょうか。

しかし、新興国の実際の為替レートを見てみると、アジア通貨危機以後は、安定して推移していることがわかります（次ページ、図表1－4）。先進国以上の成長をしているにもかかわらず通貨が安定していること、通貨が一方的に弱くなるわけではないことにはむしろ着目すべきです。新興国の多くの通貨が安定的であるなら、外貨預金はできないにしても、他の投資を行うことはできます。

では、日本人が新興国の株式市場の株を買えるかといえば、これも一部の金融機関でな

図表1-4 為替レートの推移で見る安定性

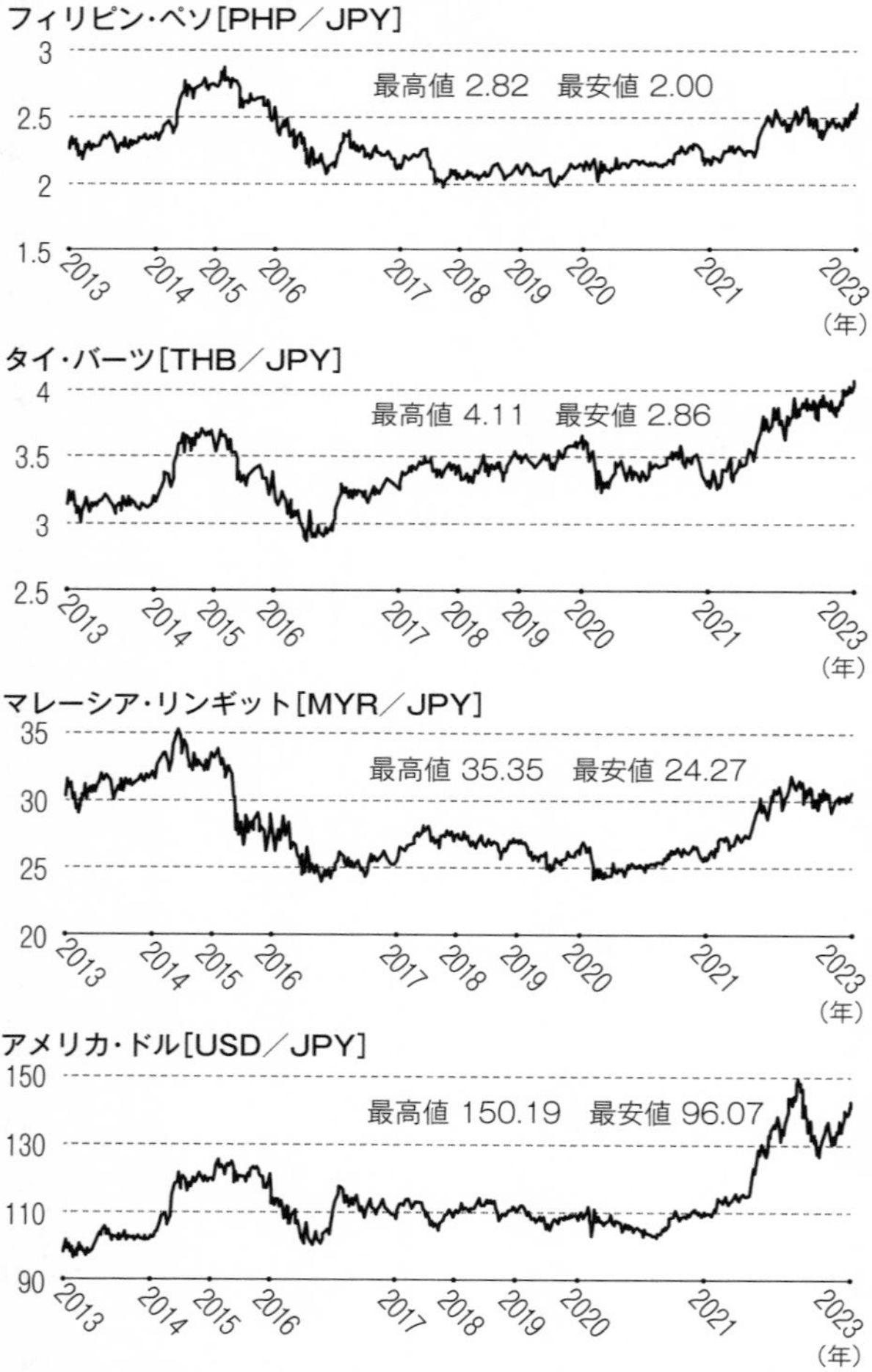

長期的に見たときに、この 4 種の通貨は上下率がほぼ同じように推移しているため、為替が安定しているといえる。

らできますが、手数料が高く、また個別銘柄選定についてはその国の経済の産業セクターを念入りに確認する必要があります。そのための資料が不足していることもあって手間がかかり、あまりおすすめできません。ＥＴＦ（上場投資信託）や投資信託においても、複数の成長国をミックスしているものが多く、各国の成長と停滞に相殺されることとなり、ダイナミックさに欠けます。

そこで選択肢となるのが、新興国の不動産への投資です。不動産は、選定という部分においてはとてもシンプルです。各国の経済成長、インフラ、人口、不動産セクターの需給などマクロ要因を把握し、ロケーションや種別、物件といったミクロ要因を確認していきます。また実物資産となるので所有する実感が湧き、賃貸経営を行うことでその国の人や経済に、より密着する楽しさもあります。富裕層の人たちの多くは、富裕層になる前、あるいはなったあとも、不動産で資産を運用しています。なぜなら、不動産は経済危機などが起きた際も下がり幅が小さく、数年後には価格が戻り、資産防衛にも向いているからです。

実際に、２００８年のリーマン・ショック時、Ｓ＆Ｐ５００は50％以上、日経平均株価も40％以上、下がりましたが、不動産価格の下落率は20％程度でした。日本人は、バブル経済崩壊後の１９９０年代前半に不動産価格の暴落を目の当たりにしているので、「不動産は怖い」と思っている人も多いようですが、世界的に見れば、それは特異な例です。日本の不動産価格はそもそもが異常に上がったバブル価格だったから、崩壊で急降下したに過ぎません。

一般的には、不動産は資産として手堅いと考えられているため、世界の富裕層の多くが不動産で資産運用を行っているのです。したがって、成長が見込める新興国への投資を考えるなら、不動産投資が現実的な選択肢となります。新興国の不動産を所有することが、富裕層になるためには検討すべきリスクテイクなのです。

ただし、エジプト・ポンド、南アフリカ・ランド、トルコ・リラなど、変動幅が大きい通貨もあります。それらの通貨に関しては不動産はもとより、外貨預金であってもリスクが高いことは明白です。投資先の候補からは、はずしておくべきでしょう。

国やエリアの選び方、制度や商慣習に注意！

では、多数の新興国のなかから、どの国を投資先に選べばいいのでしょうか。失敗しないためには、今後、経済成長が見込める国、不動産価格が上昇する国を、慎重に選ぶ必要があります。

また、日本で不動産価格の上昇が見込めるのが最大都市の東京であるように、それぞれの国のなかでも、どのエリアが有望なのか見極めなければなりません。不動産価格の上昇が確実に見込めるのは、やはり「大都市の限られたエリア」です。それ以外では、「世界的なリゾート地」なども購入の候補地となるでしょう。

様々な候補のなかから投資先エリアを選ぶために見るべきポイントは、まず国の経済力を表す「GDP（国内総生産）の推移」と「人口の推移」「為替の推移」です。これらを見ておけば、その国の経済力と今後の成長可能性があらかた見えてきます。安くない買い物をするわけですから、こうしたファクトや、国際機関や第三者機関の予測数値などは、自分の目で確認するようにしましょう。

また、不動産を買うエリアにおいて、世界の多くの人が話す「言語」である英語や中国語がどの程度通じるのかも重要なポイントです。購入した不動産を借りてくれる人の人口

図表1-5 投資先国を選ぶ際に見るべきポイント

が多いほうが良いことは、言うまでもありません。投資する立場としても、言葉が通じる国のほうが投資しやすいので、英語圏や中国語圏には外貨が流入し、不動産価格が上昇する可能性があります。

さらに、そのエリアの「都市化率」も見ておくといいでしょう。私はそこに不動産の「供給量」もあわせて、「5プラス1」と呼んでいます。

そして、購入候補エリアの「住宅価格の推移」も確認しておきましょう。そのエリアの相場を知っておけば、販売価格が妥当なのか、高いのか、安いのかがわかります。高値づかみしないためにも必須の知識です。

最後に、海外不動産の購入において最大のハードルとなるのが、その国の法律などの「制度」と「商慣習」です。そもそも外国人に不動産の購入が認められていない国では買えませんし、土地は買えないけれども建物は買えるという国もあります。また、1つの建物やプロジェクトの中で外国人が買える割合が決まっていたり、購入価格の下限額が設定されていたりする国もあります。

インドネシアのバリ島でヴィラを買ったつもりが、そのヴィラを使用する権利を買ったに過ぎなかったということもありました。これは、だまそうとしたわけではなく、現地ではそのような「使用する権利」を売買するのが一般的だったのです。買い手の知識不足と、売り手の説明不足によって起きたトラブルですが、日本とは法制度も商慣習も違うので、こうしたトラブルが起きる可能性は常に考えておかなければなりません。

また、新築物件を買う際には、建物が完成する前に契約をする「プレビルド」が多くなります。プレ（前）、ビルド（建設する）は、その名の通り、これから建設が始まる物件のことで、竣工までには数年かかります。建設予定時期よりも工期が遅れることもあれば、実際に完成してみたら予定と間取りが違ったなどということも起こり得ます。

もちろん、すべてのプロジェクトに当てはまるわけではありませんが、こうしたトラブルが起きる可能性が往々にしてあることも、あらかじめ認識しておいたほうが良いでしょう。

不動産の購入に関する法制度や商慣習は国によって千差万別です。国土交通省のホームページでは、「海外建設・不動産市場データベース」として、世界各国の「基礎情報」や「不動産関連情報」などが掲載されています。日本の企業が海外に進出するのをサポートする目的でつくられているページですが、個人にとっても参考になる内容ですので、見ておいて損はないでしょう。

とはいえ、いくら自分で調べられることは調べ、自分なりにしっかりとその国の制度や商慣習を理解しておくことが大事だと言っても、個人では限界があります。やはり、海外不動産を扱う日本の仲介会社の選択が重要になることは言うまでもありません。これについては、後ほど詳しく解説します。

投資先として有望な8カ国

さて、本書では、これまで述べたＧＤＰ、人口、為替、言語、住宅価格、不動産購入に関する制度などを勘案して、不動産投資先として特に有望と思われる次の国々を紹介します。

アメリカ
フィリピン
韓国
カンボジア
マレーシア
タイ
ドバイ首長国（アラブ首長国連邦）
ベトナム

これら8カ国は、実際に日本人の富裕層や準富裕層が不動産を購入している投資実績がある国でもあります。準富裕層やアッパーマス層が富裕層になるための海外不動産投資として、今後の成長が期待できる新興国も選びました。なかでもフィリピンやカンボジア、タイなどは、1000万円あれば、手数料や税金なども含めて不動産の購入が可能です。はじめて海外不動産を購入する方には、チャレンジしやすい投資先といえるでしょう。

次章以後、これら8カ国の概要と、最低限知っておくべき基本知識、その国のおすすめエリアなどについて、詳しく述べていきます。

富裕層が海外に移住する目的

本書で紹介する海外不動産は、自分が住むために購入するよりも、あくまで投資目的を想定しています。ただ、富裕層の人たちのなかには、自分が住む目的で海外の不動産を購入している人もいます。その目的として、「相続税対策のため」だと誤解している人が少なからずいるので、本章の最後に少し説明しておきましょう。

日本は、相続税の最高税率が55%と高率なこともあり、課税対象から外れるために海外に移住するという方法は確かに考えられます。しかし、相続税の課税対象から外れるためには、現在、被相続人も相続人も海外在住期間が10年以上である必要があります。

過去、この期間が5年間だったときには、相続税を回避するために海外移住する人もいましたが、さすがに10年は長いので、近年では相続税回避目的で海外移住する人はほとんどいないと思われます。

では、海外に移住する富裕層の目的は何かといえば、私は2つあると思っています。

1つは、子どもの教育のためです。富裕層の人たちの多くは、これまで述べてきたように日本が経済を含めて衰退しつつあることを理解していますので、子どもは世界のどこでも生きていける人間に育てたいと考えています。

たとえば、私が住んでいたシンガポールのインターナショナルスクールに通えば、英語と中国語の両方が話せるようになります。自宅で日本語を教えれば、3カ国語が話せるトリリンガルに育てることも可能です。また、日本にいるよりも、他国へ旅行にも行きやすいので、子どもの交友関係も広がり、自然と国際感覚が磨かれていくことでしょう。こうした子どもの教育という観点から海外移住する日本の富裕層の人たちがいます。

もう1つは、投資活動のため。株式や暗号資産を売却して得られる利益（キャピタルゲイン）に対する課税制度がない国があります。シンガポールやドバイ（アラブ首長国連邦のドバイ首長国）がそうです。投資活動のために海外に移住する人は、起業した会社を数十億円で売却したような超富裕層の人たちです。

直接的にはあまり関係のない話かもしれませんが、富裕層を知る上で、少しは参考になればと思います。

＊　＊　＊

これから紹介する8カ国は、過去のデータや今後の予測によって経済を含めた国としての成長が見込まれている国々です。

それを確認するため、各国の冒頭に「基本データ」として、「国名」「首都」「人口」「通貨」「言語」「政治体制」「日本からの飛行時間」「GDP成長予測」「人口増減予測」「都市人口率」を掲載しています。

また、「不動産関連データ」として、「外国人不動産所有」「移住人気ランキング」「不動産価格上昇率（年）」「平均利回り（年）」を。さらに、「GDPの推移」「為替の推移」「人口の推移予測」「不動産価格の推移」のグラフを解説文とともに掲載しています。

もし本書で紹介する8カ国以外の国に興味を持った場合も、同様のデータを調べることで、その国、そのエリアが不動産投資先として有望かどうかを判断できるでしょう。

不動産購入までのプロセスは、各国ほぼ共通です。物件探しは、その国の不動産売買を取り扱っている日本の不動産会社（エージェント）に頼むのが一般的な方法です。国内の不動産同様、「購入目的」「予算」「手持ちの自己資金額」などを伝えて、物件探しを依頼します。

不動産会社から紹介された物件情報や契約方法などの注意すべきポイントは国によって異なりますので、それぞれの国ごとに説明していきます。

購入前に必ず確認しておくべきことで見落としがちなのが、「購入後」の3つのことです。

1つは、購入後、不動産の管理をどうするのか。現地の不動産管理会社に頼めるのか、日系の不動産管理会社があるのか、自分で行わなければならないのか。国やエリアによって異なるので、必ず確認してください。

もう1つは、購入した不動産のあるエリアの賃貸価格がいくらなのか。購入した不動産は賃貸不動産として貸し出すケースが大半ですので、そのエリアの賃貸相場を自分で調べて知っておくことは必要不可欠です。不動産会社は、総じて高い賃貸価格を明示しますが、必ずしもその価格で賃貸できるとは限りません。トラブルの原因になることもありますので、賃貸相場の確認は購入前に必ず行ってください。

最後に、購入した物件を売却する場合に、誰に依頼をしてどういった人が次の購入者になるのかということです。中古不動産の二次流通市場の状況と、発生するエージェントの費用も様々ですので、これも確認が必要です。

それでは、アメリカから順に見ていきましょう。

Chapter 2

【投資先有力候補1】アメリカ合衆国

世界最大の経済大国は不動産取引のサービスと安全性もトップクラス

基本データ

国名：アメリカ合衆国
首都：ワシントンD.C.
人口：約3億3700万人（2021年）
通貨：米ドル
言語：英語
政治体制：大統領制、連邦制
日本からの飛行時間：約10時間（ロサンゼルス）
GDP成長予測：1.53％（2023～27年の平均）
人口増減予測：プラス約3840万人（2050年までに）
都市人口率：83％

不動産関連データ

外国人不動産所有：土地、建物とも可能
移住人気ランキング：3位（ハワイ）
不動産価格上昇率（年）：7.90％（ロサンゼルス）
平均利回り（年）：6.12％（アメリカ）

先進国で人口が増え続ける唯一無二の国

アメリカは、世界経済を牽引《けんいん》する世界最大の経済大国です。世界の企業の時価総額ランキングトップ50の中に、アメリカ企業は実に32社もあります（２０２３年2月現在）。

国としての歴史は浅いものの、第二次世界大戦以後、世界の覇権国として君臨していることは、誰もが知る通りです。

また、他の先進国が少子化や高齢化で人口が減り続けるなか、人口が増え続けている点も大きな特徴です。２０２１年現在の人口は約３億３７００万人ですが、今後も増え続け、４億人近くまで増えることが予測されています。

人口が増え続ける理由は、移民です。これまでに世界で一番数多くの移民を受け入れているのがアメリカであり、すでに５０００万人以上の移民がいます。これは人口の約15％にあたります。

そして、現在も年間約１００万人がアメリカに移り住んでいます。この傾向は今後も続くと考えられており、これが先進国で唯一、今後も人口増が予測されている要因です。

図表2-1 アメリカの人口推移予測

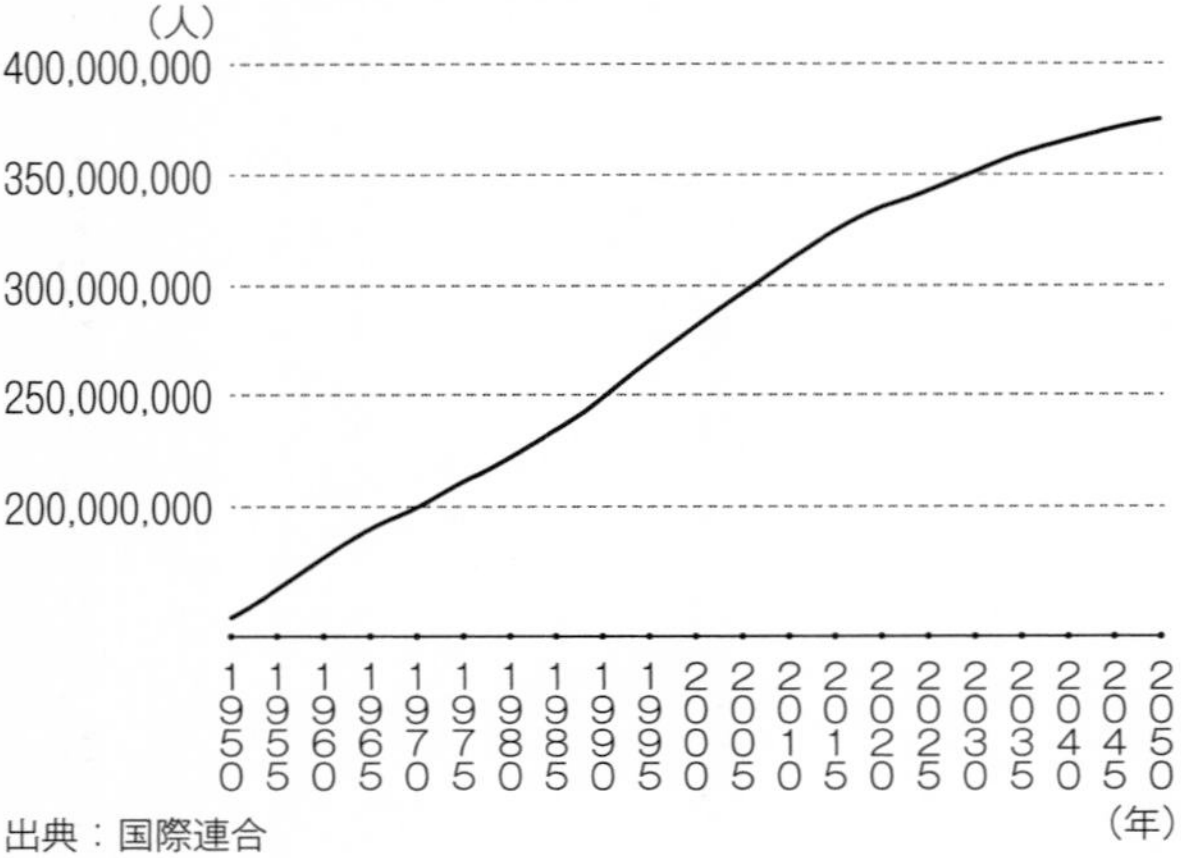

出典：国際連合

そのなかにはヨーロッパ諸国からの移民もいれば、アジアや近隣の中南米からの移民もおり、多民族国家が形成されているのもアメリカの特徴です。人口が増えることが経済に好影響を与えることから、国の経済成長のために、意図的に多くの移民を受け入れていると考えられます。

移民以外にも、たとえば、大学や大学院への留学生の数も世界最多です。２０２１～22年の在籍留学生数は約95万人。留学生の出身国（地域）は２００以上に及びます。

これだけ多くの留学生が世界からやってくるのは、教育レベルが高いからにほかなりません。タイムズ・ハイヤー・エデュケーションが毎年発表している世界大学ランキングのトップ10を見ると、ハーバード大学やスタンフォード大学など、7つがアメリカの大学です（2023年版）。こうした大学に世界中から優秀な人材が集まっているのもアメリカの強みです。

さらには、ノーベル賞の受賞者数も世界トップで、2022年までに392人が受賞。2位のイギリスの127人の3倍以上と圧倒的です。ちなみに日本は28人です（うち3人は米国籍）。

また、創業10年以内で評価額が10億ドル以上の非上場ベンチャー企業を「ユニコーン企業」と呼びますが、アメリカの調査会社CBインサイトによれば、アメリカのユニコーン企業は、2017年には41社だったものが、22年には554社にまで増えています。2位の中国が180社（22年）ですから、新興企業が成長する勢いも世界断トツです。

この他にも、アメリカが世界のトップを走っている分野は多種多様にあります。こうしたことから、アメリカは今後も経済にとどまらず、様々な分野で大きな成長が期待できる国であるといえます。

GDPも、不動産価格も、右肩上がり

GDPの推移を見ると、堅調に右肩上がりで伸びていることがわかります。2000年からの20年間で2倍以上の成長です。

2010年以降のインフレ率の推移を見ると、2020年までは1~3%程度でしたが、21年に約4・7%、22年に約8・0%にまで上昇し、現在は5%前後です。

こうしたGDPの成長やインフレ率が不動産価格にも影響を与えます。アメリカの中央銀行であるFRBが公開している経済指標データ「FRED（フレッド）」のアメリカにおける不動産価格の推移を見てみましょう。

ほぼ右肩上がりに上昇しているなか、リーマン・ショックがあった2008年前後から下がっていますが、12年を底に再び上昇しています。つまり、金融危機が起きても、不動産価格の下落はそれほど大きくなく、その後、再び上昇していることがこのデータからわかります。この点でも、アメリカの不動産は投資先として優れているのです。

さらに、新型コロナウイルスの感染拡大が始まった20年以降、不動産価格は急激に上が

図表2-2 アメリカのGDP推移

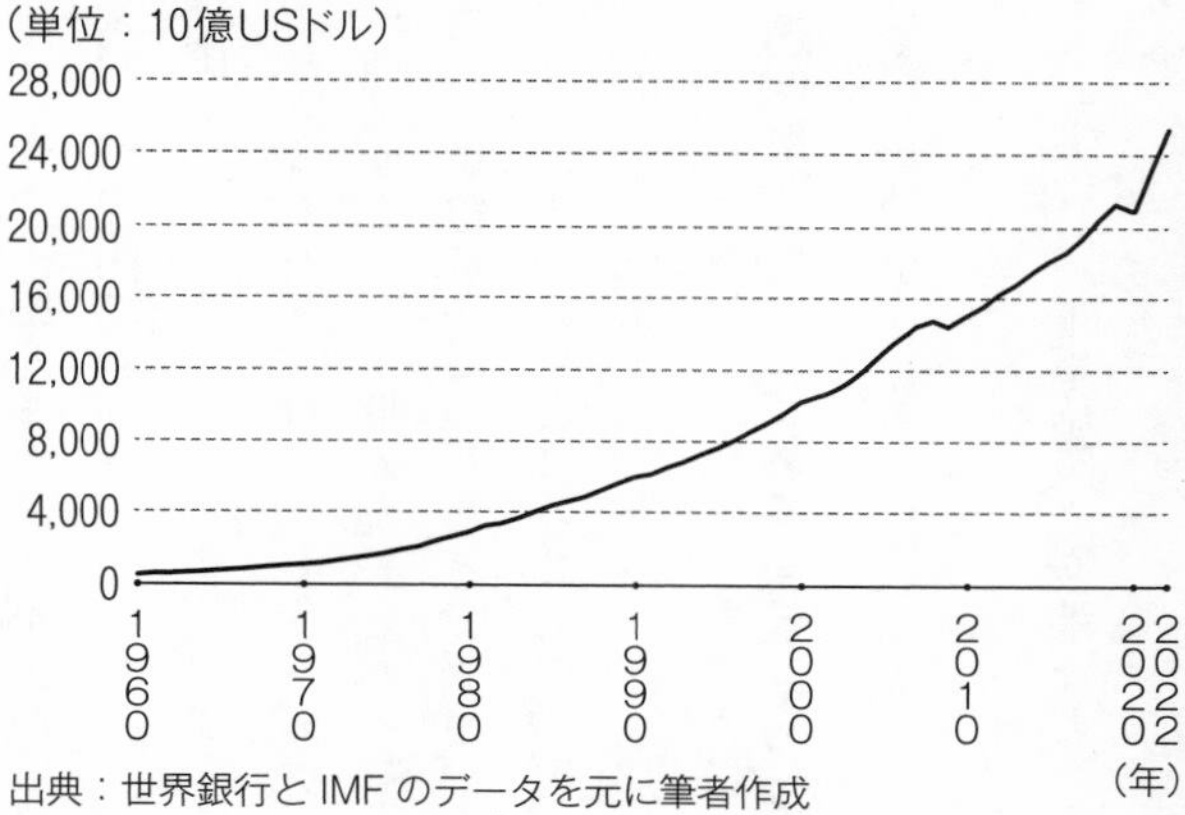

出典：世界銀行と IMF のデータを元に筆者作成

図表2-3 アメリカの不動産価格推移

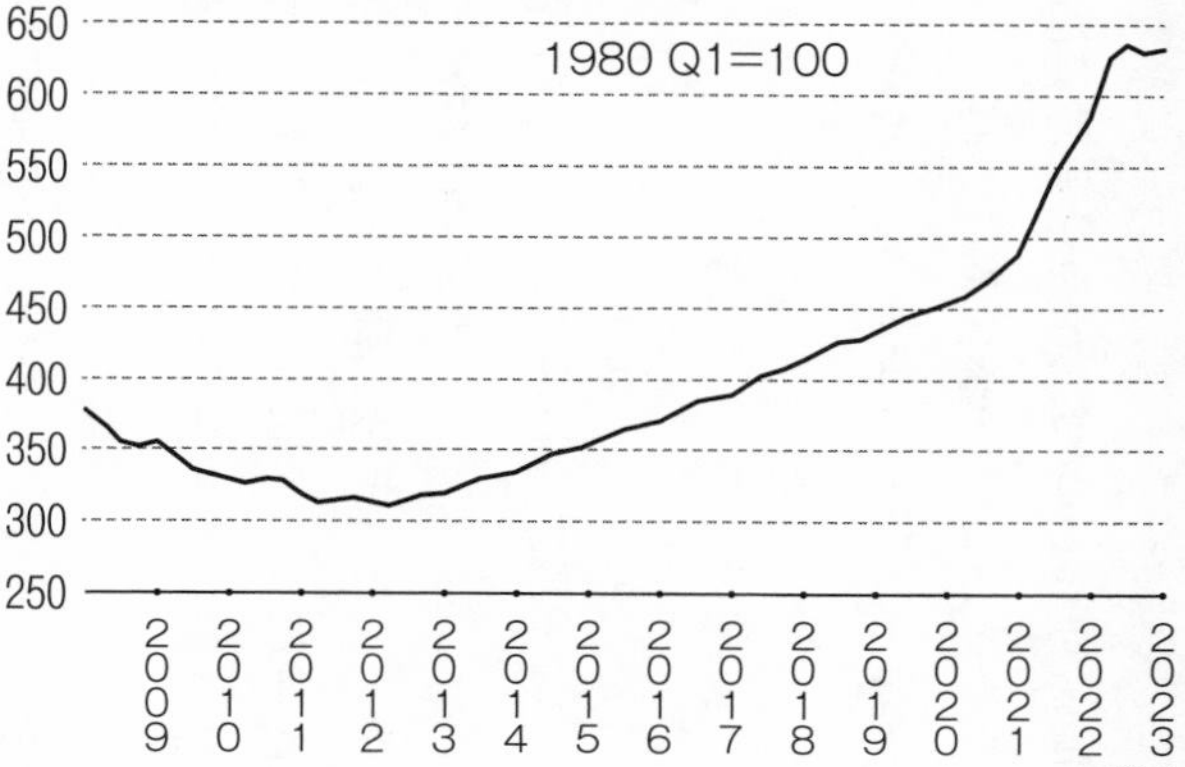

出典：FRED

っています。この20年以降の不動産価格の上昇は、アメリカだけでなく、日本やこれから見ていく新興国でも同様です。

理由は様々ですが、コロナ禍によって自宅に居る時間が増え、住宅の価値が見直され、より広い家や住みやすい家に買い換える人が増えたこと。また、コロナ禍によって住宅資材の流通が滞り、工期が延長されるなどして、新築の件数が減少。需要が増えたにもかかわらず、供給量が減ったことで価格が上昇したことなどが考えられます。

コロナは世界中に蔓延《まんえん》しましたので、世界共通で不動産価格、特に住宅価格の上昇が起きたと考えられます。

「透明度」と「サービス」は世界トップクラス

日本同様、アメリカでは外国人も土地を含む不動産を購入して所有することができます。一戸建てやコンドミニアム（日本でいうマンション）、ビル一棟を購入することも可能です。ただし、軍事施設や空港など、国の重要拠点周辺は制限があり、買うことができません。

図表2-4 アメリカ・ドルの為替推移［USD／JPY］

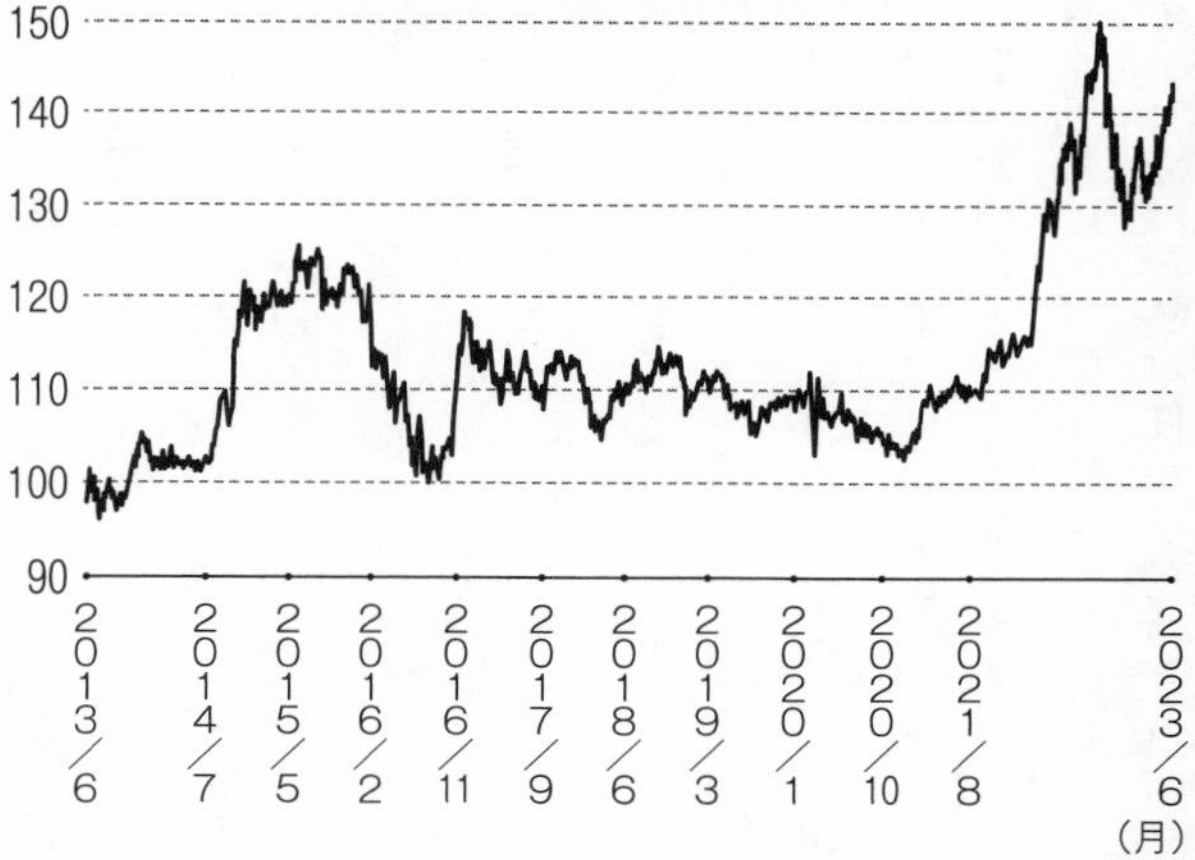

とはいえ、外国人にとってオープンな制度であるため、世界の機関投資家や個人投資家が、投資目的で不動産を検討、購入しやすい国だといえるでしょう。

ご存じの通り、言語は英語で、契約書などの必要書類もすべて英語です。通貨は米ドル。米ドルは世界の基軸通貨ですから、為替の推移を見てもわかる通り、安定的で、近年、円安に大きく振れているのは、日本の国力が下がっているからです。

アメリカにも、日本の宅地建物取引士（国家資格、通称「宅建」）にあたるライセンス制度があります。このライセンスは州ごとの登録となりますので、州ごとにブローカー企業（人）を

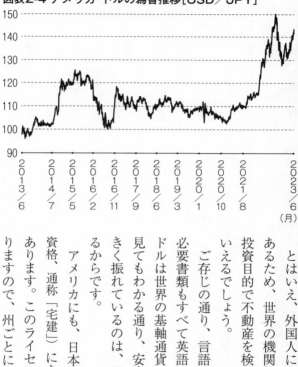

選ぶ必要があります。また、不動産に関する法律も州ごとに定められているため、検討する州ごとに調査します。

アメリカの不動産取引の最大の特徴は、その透明性の高さにあります。

アメリカの不動産サービスのJLL（ジョーンズ・ラング・ラサール）社が、2年に1度「グローバル不動産透明度インデックス」を発表していますが、1位がイギリスで、2位がアメリカ。日本は12位です（2022年版）。

ライセンスブローカーが活用している「MLS（マルチプル・リスティング・システム）」が提供するデータベースには、過去の不動産取引の記録が掲載されています。州ごとに管理されているため、見ることができる項目は州ごとに多少違いますが、どの州でも、その家、あるいはコンドミニアムの一室の新築時の売買契約価格から始まり、その後、たとえば10回売買されていたら、それら10回の売買価格をすべて見ることができます。買った金額と売った金額がわかるため、その不動産売買でいくら儲かったのかが、MLSを見れば一目瞭然です。

アメリカは新築物件が2割ほどと少なく、中古物件の売買が約8割を占め、不動産取引の中心であるため、こうしたシステムが高度に発達しています。

また、不動産テクノロジーのスタートアップ企業も非常に多いため、いろいろな不動産サービスが充実しています。

たとえば、「ZILLOW」というサイトで物件を検索すると、不動産価格の予測値などを見ることができます。過去の売買価格のビッグデータをもとに、将来の価格を予測するサービスを提供しているのです。

マップ上の家をクリックすると「売りに出しそう」などと表示されるサービスもあります。現在の居住者がいつ、いくらでその住宅を買い、何年間住んでいるのかも過去のデータからわかるため、アルゴリズムで「売る時期」を予測し、サイトで表示しています。

「アメリカには、不動産取引に関する世界最先端の技術と環境が整っている」と言っても過言ではありません。

このように、アメリカは不動産取引の透明性が高く、サービスも充実しているので、そういった面でも投資目的で不動産を買いやすい国の一つだといえます。

「エスクロー口座」とは何か？

アメリカは不動産取引のスピードが速いのが特徴です。特に売り手優位の市況でライセンスブローカーも優秀であれば、不動産売買の取引スピードは速く、日本であれば通常3カ月ぐらいかかるところ、約2週間で取引が完了します。

ＭＬＳに売りたい物件を登録すれば、それをブローカーが見て、購入の可能性が高そうなお客様にすぐに紹介してくれるため、売りに出してから契約に至るまでの期間も日本に比べて短くなっています。日本にも、国土交通大臣から指定を受けた不動産流通機構が運営する「レインズ（ＲＥＩＮＳ：Real Estate Information Network System）」という不動産流通に関する情報システムがありますが、いわゆる「囲い込み」が起こっており、それが取引のスピードを遅くしている要因の一つです（詳細は本書では割愛します）。

ブローカーへの手数料は、売り手が価格の６％を支払い、買い手は手数料を一切支払いません。売り手が支払った６％を、売り手のブローカーと買い手のブローカーで分けるというのがアメリカの商慣習です。

日本人がアメリカの不動産を購入する場合も、アメリカのブローカーへの支払いはありませんが、海外不動産を扱っている日本の不動産会社に、「コンサルティングフィー」や「アドバイザリーフィー」などの名目で、購入価格の5～8％程度を支払います。

これは、アメリカ以外の国の不動産を買う場合でも同様です。少なくない金額を日本の不動産会社に支払うわけですから、購入する不動産を厳選することが大事になるのは言うまでもありません。

不動産取引において日本と大きく異なるのは、アメリカには、「エスクロー口座（制度）」というものがあることです。

日本では、買い手がまず頭金を支払い、のちに残金を支払うのが一般的で、すべての支払いが完了した時点で弁護士が不動産の権利の移転手続きを行います。

アメリカでは、買い手がまずエスクロー口座にお金を支払い、エスクロー口座に代金が入金されたことを弁護士が確認したら、権利の移転手続きが開始されます。手続き完了後、エスクロー口座から売り手にお金が支払われます。

エスクロー口座とは、いわば信託口座で、100％の安全が担保されている口座です。

このため、あやしい不動産会社やブローカーにだまされてお金を奪われるといったことが起こり得ません。このエスクロー口座によって、アメリカの不動産取引は、日本以上に高い安全性が担保されているのです。

購入時にかかる税金は、所得税や印紙税などです。固定資産税は州税のため、州によって税率が違います。

アメリカは中古物件が約8割を占めると言いましたが、古い戸建て物件だとシロアリ被害なども考えられます。物件に隠れた瑕疵《かし》がないか、インスペクター（専門の調査員）に検査・調査を依頼することが不可欠となります。

日本では、不動産を購入する際、価格の5％程度が手数料や税金として必要になると言われています。一方、アメリカはおよそ3％程度です。日本より安いのは、先ほども述べたように、不動産の買い手がブローカーへの手数料を支払わない商慣習のためです。

注目は中南部のテキサス州

不動産価格の推移は、先ほど紹介したFREDのサイトで見ることができます。アメリカに限らず、このサイトでは、国全体の不動産価格の推移だけでなく、主なエリアごとの不動産価格の推移も確認することができます。

先ほど見たアメリカ全体の住宅価格は、中間値のグラフになっており、２０１０年代には20万米ドル台だったのが、22年には46万米ドルにまで上昇しています。

とは言っても、これはあくまでもアメリカ全土の中間値のデータであり、エリアによって上昇度合いに差があります。なので、エリアごとの不動産価格の推移を見て、購入を検討するエリアを絞り込む必要があります。

たとえば、東海岸であればニューヨーク、西海岸ならカリフォルニア州サンフランシスコやロサンゼルス、日本人にも人気の高いハワイなどが候補地になります。ハワイの不動産を所有していることは、富裕層にとってもステイタスです。

ニューヨーク州マンハッタン地区の不動産価格の推移を見ると、直近10年間で約１・７倍になっています。ただ、マンハッタンで1億円以下の物件はなく、約65平米のコンドミニアム１室でも1億７５００万円ぐらいが相場です。

西海岸の主要都市の中心部も、１億円を超える物件が大多数で、残念ながら、準富裕層にはなかなか手が出ない価格になっています。

アトムデータ社のレポートによれば、マンハッタンの期待利回りは2～4%、カリフォルニア州の期待利回りは約3・7%となっています。

そんななか、私がアメリカで注目しているのは、中南部のテキサス州です。理由は、人口の伸びが全米のなかでも際立っているからです。2010年に約2500万人だった人口は、20年には約2900万人に増加。10年間で400万人も増えています。

テキサス州以外にも、フロリダ州が約300万人、カリフォルニア州も約200万人、10年間で人口が増えています。現在、アメリカで人口が増えている州にほぼ共通しているのが、州政府が共和党だという点です。民主党が州政府の州は、法人税や個人の所得税などの税金が高くなっていますが、共和党が州政府の州は、逆に税金が安いため、企業が共和党の州に移転しているのです。

たとえば、トヨタ自動車のアメリカの拠点である北米トヨタの本社はテキサス州ダラスにあります。電気自動車の雄、テスラの本社もテキサス州オースティンに移転しました。

こうした大企業がテキサス州に集まってきていることもあって、人口が急激に増えている

図表2-5 アメリカ・テキサス州の不動産価格推移

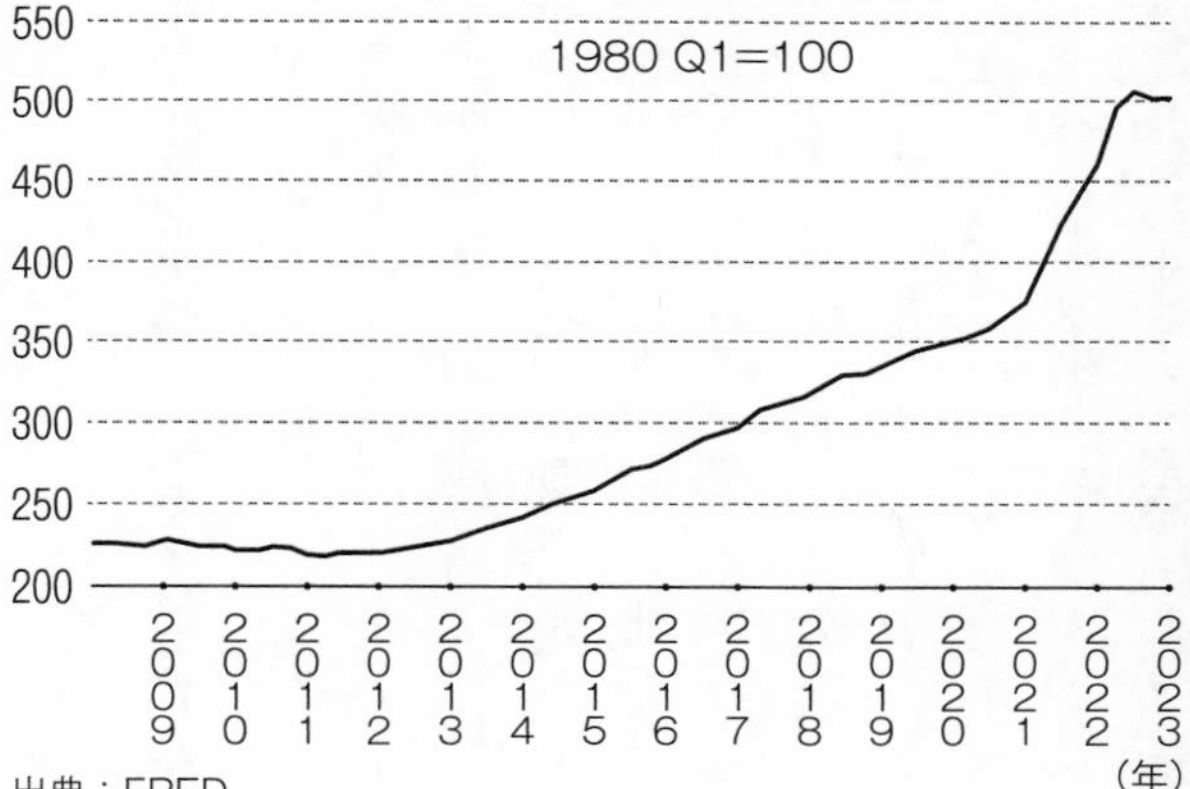

出典：FRED

のです。

そして、人口増加に伴い、当然ながら不動産価格も賃貸価格も上がっています。テキサス州の期待利回りは５～７％と高く、不動産価格も10年間で約２・２倍になっています。

テキサス州は戸建てが多く、郊外の中古の一戸建てであれば３０００万円程度で購入できる物件もあります。

また、節税目的の購入を検討できる、築年数の古い住宅もあります。日本では築23年超の木造建造物は４年で償却できるため、購入金額を損金に算入できるのです。

２０２１年に個人がこうした節税を行うことは禁止されましたが、法人はまだこの償却を行うことが可能です。

不動産投資の狙いは「キャピタルゲイン」

日本人にも人気が高いハワイでは、不動産投資の期待利回りは1～3％。ハワイ州は固定資産税が高いので、利回りがマイナスになる可能性もあります。

不動産価格は、10年間で約2倍になっています。

世界の投資家は、不動産を保有していることで得られる賃貸料などの「インカムゲイン」にはそれほど期待していません。狙っているのは、不動産を買ったときよりも高く売ることで得られる「キャピタルゲイン」です。日本で不動産投資というと、インカムゲイン狙いが主ですが、世界の投資家は「不動産価格は年々上がっていくもの」という前提に立ち、キャピタルゲインを狙っています。

たとえばハワイのコンドミニアムは、個人のセカンドハウスとしても人気がありますし、企業が福利厚生として購入するケースもあります。古いホテル・コンドミニアムの20平米ぐらいの小さい一室であれば、約3000万円から物件がありますが、人気のワイキ

図表2-6 アメリカ・ハワイ州の不動産価格推移

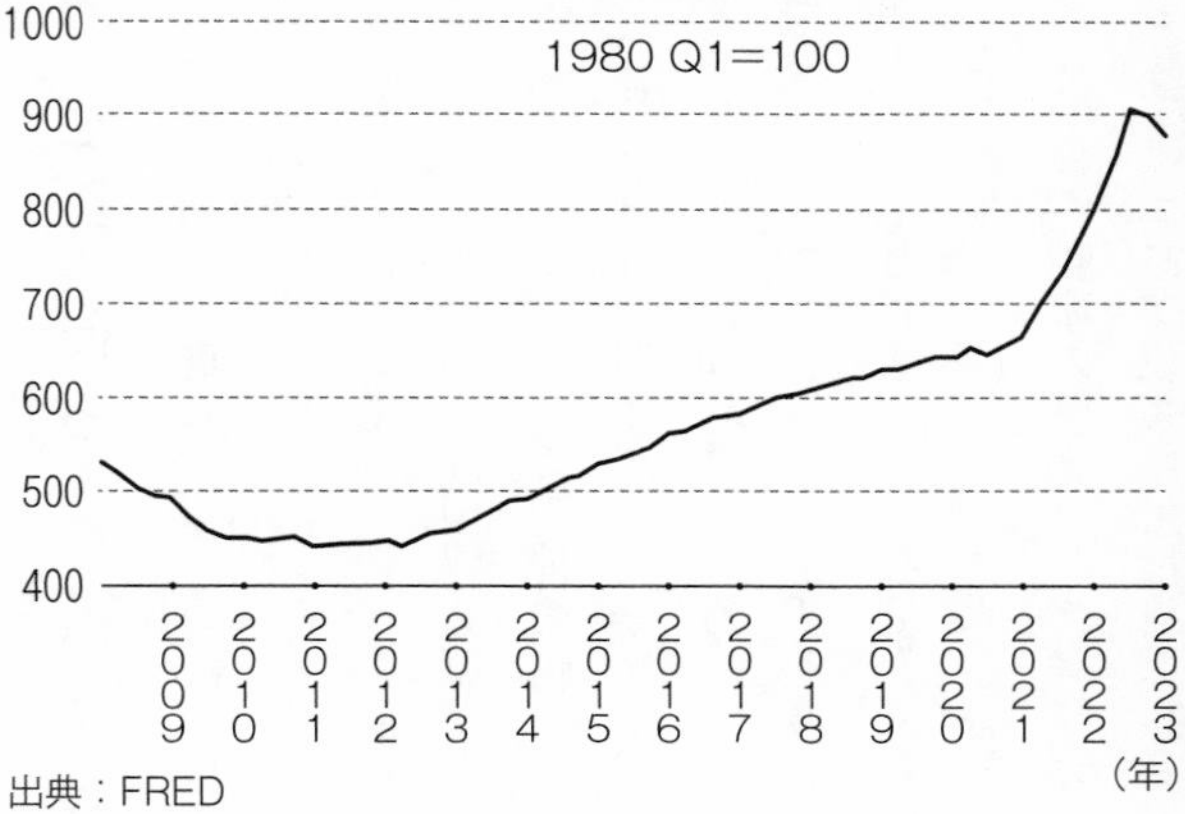

出典：FRED

キエリアには、1億円未満の物件はまずありません。

ホテル・コンドミニアムは、セカンドハウスとして自分で使用することもできれば、ホテルの一室として利回りを得ることもできます。ただ、先ほども述べたように、利回りは1％前後。不動産投資としては、あくまでキャピタルゲイン狙いになるのです。唯一無二の立地やプロジェクトについては、利回りで判断する投資家が少なくなるため、ニューヨークやハワイをはじめ人気のある都市では、そのようなプロジェクトを検討することをおすすめします。

海外は「大家天国」ってどういうこと？

海外の不動産を購入するために、日本の銀行がお金を貸してくれるかといえば、なかなか難しい相談です。ただし、日本のいくつかの地方銀行は、ハワイ州とカリフォルニア州の不動産購入に限って、その不動産自体を担保に購入価格の50％まで貸してくれます。これは、この2州であれば担保価値があると銀行が判断しているからです。

裏を返せば、アメリカの他の州や他の国の不動産担保価値を評価できる銀行が日本にはなく、2州以外の不動産を買う際に、日本の銀行がローンを組んでくれることはないということです。これは認識しておいてください。

また、中古物件が多いアメリカの不動産では、リノベーションや内装などに費用がかかるケースもあります。その必要があるのかないのか、あるとしたらどのくらいの費用がかかるのかを購入前にチェックする必要があるでしょう。

購入後の不動産の管理は、アメリカであれば、現地の不動産管理会社に依頼することができます。エリアによっては日系企業もあります。

賃貸契約は、基本的には定期借家契約になるので、1年契約か2年契約になります。契約を更新する際に、賃貸価格（家賃）を決めることができるのは大家です。海外は「大家天国」で、大家が決めた賃貸価格に不満がある場合は、借り主が家を出ていくしかありません。

日本では逆に、借り主が保護されているため、大家が勝手な理由で家から追い出すことも、家賃を上げることもできません。両者がもめると調停になります。こうしたことから、海外の不動産の賃貸価格は上がりやすく、日本は上がりにくいという側面があります。

アメリカは現在、不動産価格も、賃貸価格も上昇していますので、契約更新時に30〜50%程度、賃貸価格を上げるケースが多いようです。賃貸価格を適切に上げるためにも、ZILLOWなどのサイトでそのエリアの現状の賃貸相場をよく調べ、賃貸価格を管理会社任せにしないことが大切です。

アメリカの不動産は、このような要因で日本人の投資が最も進んでいる国ではありますが、一方で日本で取り扱う業者によっては、現地市場で販売されている物件を、購入者が決まったら業者が買い取り、20~50%価格に上乗せして販売するといったことも行われます。業者や物件の選定については、選択肢が多い分、注意深く判断してください。

アメリカの注目物件

ハワイ州の注目物件をご紹介します。

昨今は、中国人、韓国人を含めたアジア人だけでなく、コロナによってアメリカ本土のアメリカ人も改めてその魅力に気づいたことで、ハワイの不動産購入は活況です。本文でも述べたように、アメリカの不動産取引は透明性が高く、中古で購入できる物件も非常に多くあります。

1989年からアメリカでリアルター（不動産仲介人）として活動されているHawaii 5-0 Properties, Inc.の三澤剛史氏によれば、「ハワイは長年住宅の需要と供給が逆転しているため、全米のほかの地域と同様に販売戸数は減少していますが、住宅価格に関しては、戸建ての中間価格が100万ドル台、コンドミニアムの中間価格が50万ドル台を維持しています。ハワイは、歴史的に見てもリセッションや景気の影響をほかの地域ほど受けていません。世界的なリゾート地、投資物件の種類の多様さ、投資先としての需要の高さなどから、今後は市場が落ち着き次第、さらに成長し始めると予測されます」ということです。「資産形成」という意味でも、所有期間が長いほど「エクイティー(Equity)：キャピタルゲイン」が得られる、全米でも屈指の投資先です。

現在、三澤氏が注目しているプロジェクトは、地元ハワイの日系総合デベロッパーであるコバヤシグループ（The Kobayashi Group）がこの秋に着工予定の「アリア（Ālia)」です。２００６年にホクア（Hokua)、２０１４年にワンアラモアナ（One Ala Moana)、２０１７年にパークレーン（Park Lane）を建てており、竣工した物件にファミリー一族が住むことでも知られています。アリアは、アラモアナ・ブルバード（888 Ala Moana Blvd.）に建てられるラグジュアリー・コンドミニアムで、環境保全（ＳＤＧｓ）や省エネなどを取り入れた、オアフ島では初めてのコンドミニアムです。現代の「ラグジュアリー」に相応しい、様々なアメニティーも備えています。４２００坪以上の土地に39階建て、総戸数４１１ユニットを誇り、レジデンスはワンベッドルームからスリーベッドルームまであり、居住用にちょうどいい広さです。

またハワイのエージェンシーであるLocationsに所属されている猫谷めぐみ氏に、市況の展望についてうかがいました。

「2022年春に始まったアメリカ政府のインフレ対策、金融引き締め政策のもと、住宅ローンの金利が引き上げられてきているなか、ハワイのオアフ島では戸建て、コンドミニアム市場ともに、取引件数は前年度比30～35％マイナス。ただし、相変わらず売り物件の在庫レベルがかなり低いことから、中間価格は前年比5％マイナス程度で、年末までにFRBがさらに利上げを予定していますが、オアフ島の不動産市場、価格に関しては、23年末までの大きな変化は予想されておらず、フラットであると見ています」とのことです。

猫谷氏が注目するプロジェクトは、1965年に竣工したアラモアナ地区の「Ilikai Apartment Building」です。約45～90㎡で価格帯は60万USドルから。管理が行き届いており、古さを感じさせないタワーは、ホテル運用も可能な物件です。

物件名：Ālia
場所：アラモアナ（ハワイ州）
広さ：約51.75〜254.18㎡
参考ユニット：ワンベッドルーム（51.75〜76.92㎡）
USD 880,000（約1.1億円）〜
ツーベッドルーム（87.33〜142.05㎡）USD 1,380,000（約1.8億円）〜
スリーベッドルームコンボユニット（153.57〜254.18㎡）USD 2,339,000（約３億円）〜

物件名：Ilikai Apartment Building
場所：アラモアナ（ハワイ州）
広さ：約45～90㎡
参考ユニット：ワンベッドルーム（45㎡）USD 600,000（約7,800万円）～　ホテル・コンドミニアム（バケーションレンタル可能）
※1 USD ＝130円

Chapter

3

【投資先有力候補2】フィリピン共和国

英語による取引が可能で
バランスのとれた
初心者にも安心の有望投資先

基本データ

国名：フィリピン共和国
首都：マニラ
人口：約1億1390万人（2021年）
通貨：フィリピン・ペソ
言語：フィリピノ語、英語
政治体制：共和制
日本からの飛行時間：約4時間30分
GDP成長予測：5.75%（2023～27年の平均）
人口増減予測：プラス約4400万人（2050年までに）
都市人口率：48%

不動産関連データ

外国人不動産所有：コンドミニアムのみ可能
移住人気ランキング：4位
不動産価格上昇率（年）：−1.60%（マニラ）
平均利回り（年）：5.45%（フィリピン）

2050年頃まで「人口ボーナス期」が続く

フィリピンの人口は2015年に1億人を超え、それ以降も毎年百数十万人ずつ増えています。21年の人口は約1億1390万人。30年には、日本の人口を上回ると予測されています。

平均年齢が約23・5歳と若いのも特徴です。15歳以上、65歳未満の「生産年齢人口」が総人口に占める割合が増え続ける時期を「人口ボーナス期」と呼びますが、フィリピンはこれが、2050年頃まで続くと予測されています。生産年齢人口が増えれば、当然、住宅やオフィスの需要も増え続けます。

人口増加が見込まれる東南アジアの国々のなかでも、フィリピンの不動産市場は特に有望だといえるでしょう。それはなぜか。

フィリピンの現在の主要産業は、ビジネス・プロセス・アウトソーシング（BPO）を含むサービス業で、GDPの約6割を占めています。BPOとは、企業の業務の一部を専門業者に外部委託することですが、フィリピンの場合は、海外企業のコールセンター業務を主に担っています。

フィリピンは、１９００年代前半までアメリカの植民地だったため、英語を話せる人が多く、これが世界のコールセンターとなっている大きな要因です。

国語はフィリピノ語（タガログ語）で、公用語はフィリピノ語と英語です。小学校低学年からすべての授業が英語で行われることもあり、英語が通じる国であることは、不動産投資の観点から非常にポジティブな要因となります。なぜなら、英語圏の人たちにとって格段に生活がしやすいからです。英語圏の人たちのフィリピン人気が今後さらに高まれば、老後の移住先として、セカンドハウスなどの不動産の需要も伸びることが期待できます。

また、フィリピンは７６４１の島々からなる海洋国でもあり、年間を通して温暖な気候であるため、セブ島などの有名なリゾート地もあります。

日本企業も約１５００社がフィリピンに進出しており、在留邦人も約1万８０００人います。そのうち半分の約９０００人は首都マニラに駐在しています。

フィリピンのＧＤＰの推移を見ると、右肩上がりに順調に増えていることがわかります

図表3-1 フィリピンの人口推移予測

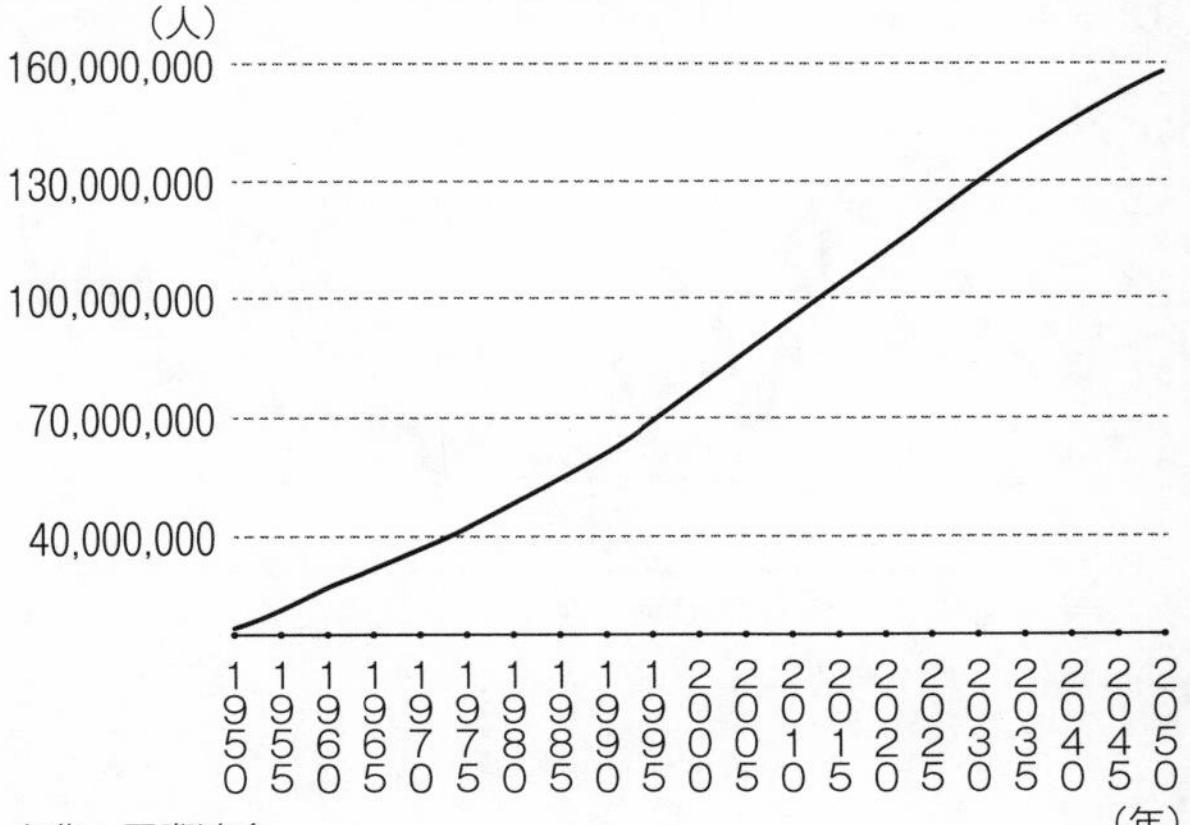

出典：国際連合

図表3-2 フィリピンのGDP推移

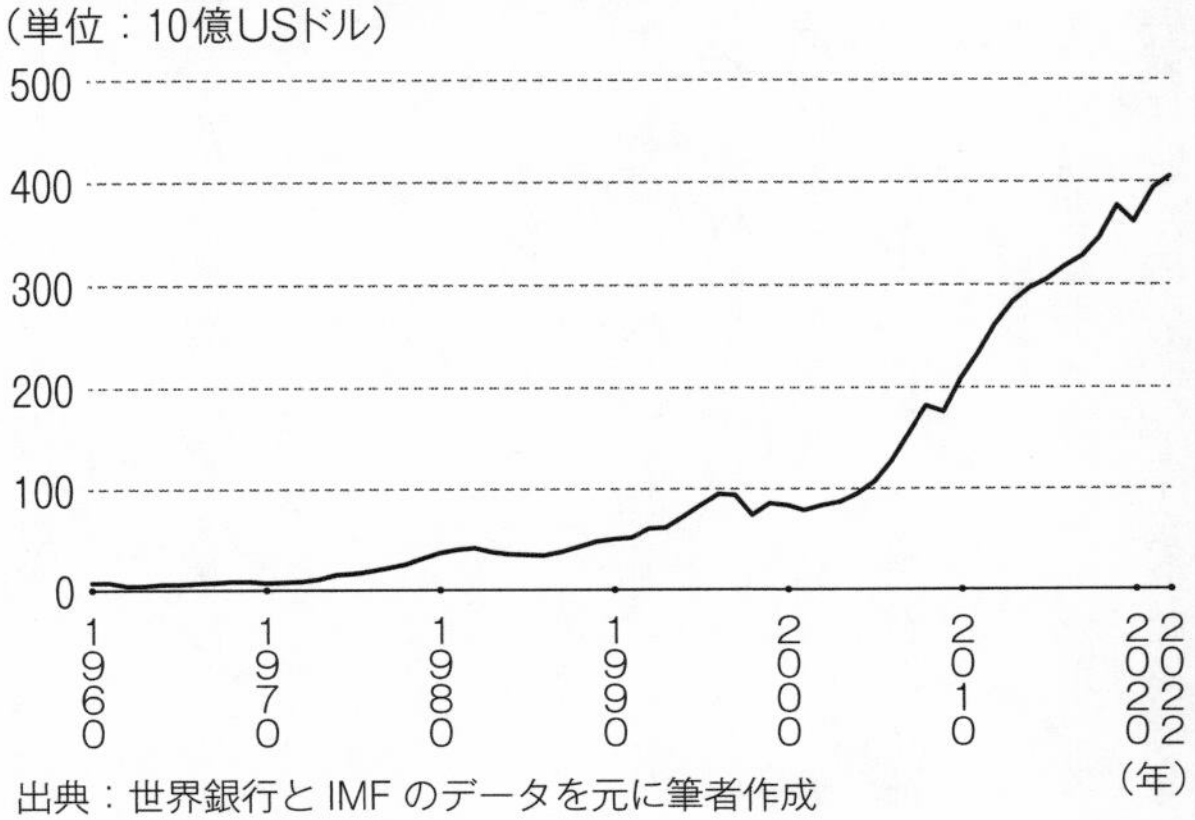

出典：世界銀行とIMFのデータを元に筆者作成

図表3-3 フィリピン・ペソの為替推移[PHP／JPY]

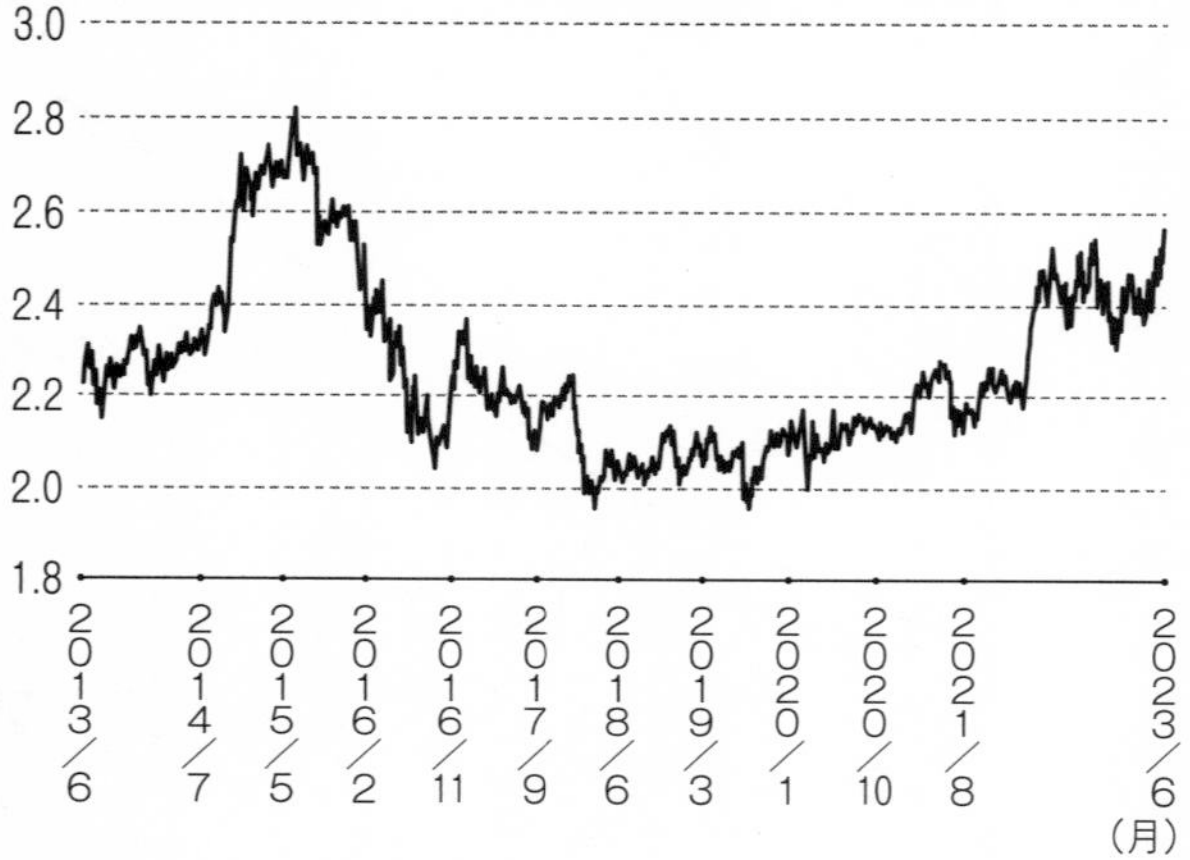

し、通貨フィリピン・ペソも円に対して安定的です。

　このように、海外不動産の投資先としてフィリピンは非常に有望であり、私は大きな期待を抱いています。

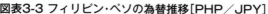

法律や制度はオーソドックス

　政治に関しても簡単に触れておくと、フィリピンは1期6年の大統領制です。このため、政権がころころ変わることがなく、不動産に関する法律が突然大きく変更されるといった可能性も低いでしょう。

　2022年に、フェルディナンド・マルコス氏が大統領に就任したので、28年まで政権は交代せず、よって大きな政策転換もなく、政治の安定性も高いといえます。

ただし、地政学的なリスクとして、中国の海洋進出が挙げられます。中国との間で南シナ海の領有権問題があり、台湾有事などが起きた場合には、影響を受けることは間違いありません。可能性はさほど高くありませんが、情報としては知っておいたほうがいいでしょう。

また、島国であるため、建築資材の運搬に問題が生じることがあり、不動産の工期が遅れる原因となることがあります。

フィリピンには長らく「治安が悪い」というイメージがありましたが、前大統領のロドリゴ・ドゥテルテ氏が麻薬の撲滅に力を注いだこともあり、近年ではずいぶんと良くなりました。それもあって、一般財団法人ロングステイ財団によると、日本における移住人気ランキングでは4位となっています（2019年）。

外国人が所有できるのは、コンドミニアム（マンション）のみで、土地を所有することはできません。また、コンドミニアムも、全コンドミニアム面積の40％までしか所有できません。

登記制度があり、コンドミニアムを購入した際には、登記書や権利書を受け取ります。日本やアメリカ同様、ブローカーのライセンス制度もあります。ですから、フィリピンでの不動産売買はこのライセンスブローカーに依頼するのが基本です。

購入時の諸費用としては、税金や手数料などを含めて価格の5％程度かかるのが相場です。売るときには、売買価格もしくは不動産評価額の6％を譲渡税として支払う必要があります。評価額は日本と同様で、実勢価格より大幅に安くなります。

不動産取引自体はオーソドックスで、それほど難易度は高くありません。

エリアは、マニラ、セブ、ダバオの三択

購入エリアの候補としては、まず首都マニラの主要エリアが挙げられます。次が、リゾート地であり、都市でもあるセブ。3番目が、「フィリピン第三の都市」と呼ばれるダバオになります。

マニラは現在、インフラ開発が急ピッチで進められています。たとえば、フィリピン初の地下鉄が2025年の一部開業を目指しています。この地下鉄の駅周辺の物件などは、

図表3-4 フィリピン・マニラの不動産価格推移

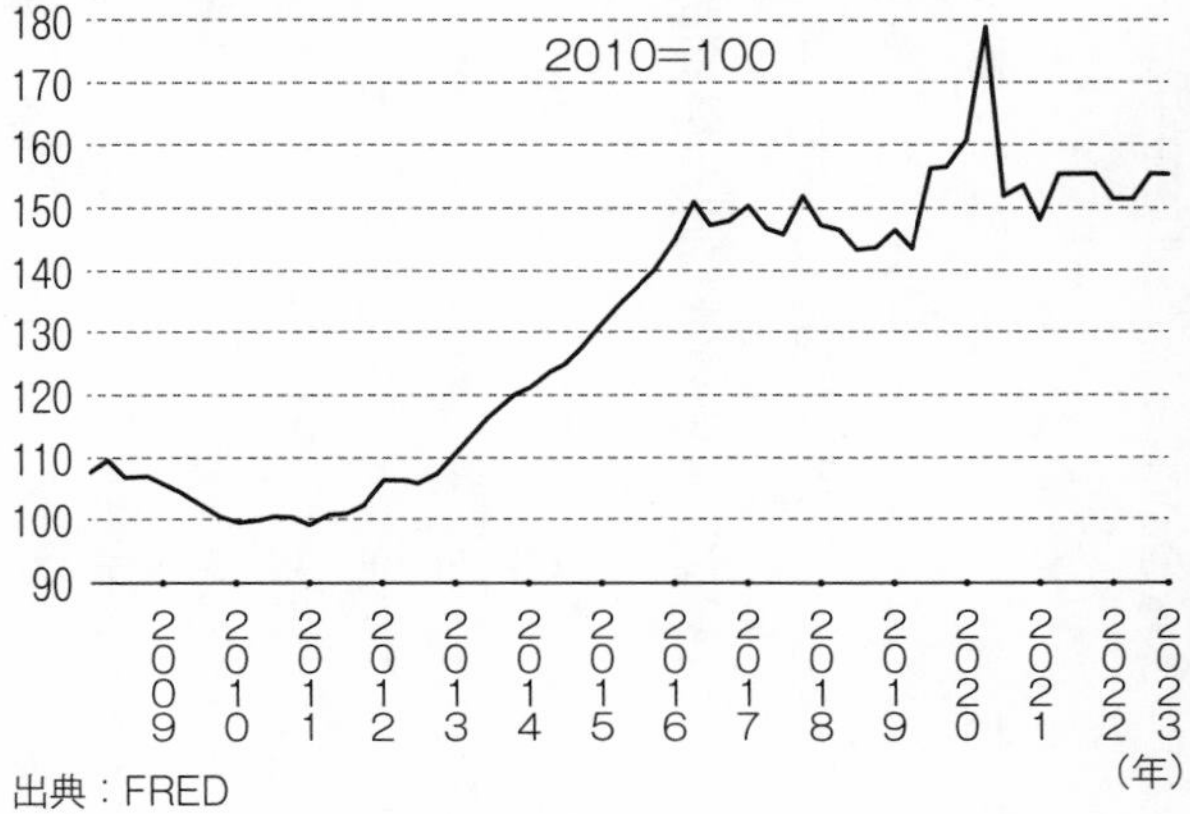

出典：FRED

今後、価格の上昇が大いに期待できます。

不動産価格は、マニラのマカティ（日本でいえば東京・丸の内あたり）では、10年間で1・5倍ほど上がっています。

日本と大きく違うのは、フィリピンには購入後の不動産を管理してくれる不動産管理会社がないことです。厳密に言うと、不動産管理という概念がなく、賃貸募集のエージェントを見つけるだけです。このため、管理には日系企業の不動産管理会社を探すことになります。これは、他の多くの東南アジア諸国でも同様で、シンガポールやベトナムにも現地の不動産管理会社はありません。

こうした国々の人たちは、まさに不動産所有者が「大家」となって、自分たちが管理業務を直接行っています。日本にいてはそれはできませんので、日系の管理会社を探す必要があるのです。

セブなどのリゾート地にあるホテル・コンドミニアムであれば、ホテルの一室として利用されるので、管理業務は発生しません。また、こうしたホテル・コンドミニアムには、利回り保証付きの物件も販売されています。たとえば、6％の利回り保証を10年付けて、10年後に売った金額で買い戻してくれます。これは「バイバック」と呼ばれる仕組みです。こうした物件を検討してみるのも良いかもしれません。

投資初心者におすすめの理由

アメリカの不動産取引の約8割は中古物件だといいましたが、フィリピンは逆に、新築物件が中心になります。理由は、不動産の品質がそれほど高くないため、築15年も経過すると傷みが激しく、ほとんど売り物にならなくなるからです（昨今は施工技術の向上により、品質は改善されてきました）。

もし中古の不動産を買うのであれば、現地に行って、自分の目で現物をしっかりと見てから買うことをおすすめします。それが難しいのであれば、選択肢は新築一択となるでしょう。新築は、完成前に購入する「プレビルド」となることが多く、現物を見ずに買うことになります。

ハワイなどと違い、日本人がフィリピンの不動産を買う目的は投資であり、自らがセカンドハウスなどとして利用する人はほとんどいません。ですから、購入を決める人の８割は、現地に一度も行かずに不動産を購入しています。

不動産を買う際のローンは、フィリピン国内の銀行を利用することができます。たとえば、フィリピン・ナショナル・バンク（ＰＮＢ）であれば、不動産購入価格の７割まで貸してくれます。金利はアメリカなどと同様で、６％程度となっています。

フィリピンは、不動産を購入すれば、国内の銀行に口座を開設することができます。その口座に家賃が振り込まれるようにするのが一般的です。

前述したように、日本の銀行では、海外の不動産を担保にお金を貸してくれることはありません。ただ、新築でも不動産価格がそれほど高くないため、ローンを組まずに買うことも可能です。安い物件であれば、税金や手数料込みでも、７００万円ぐらいから購入することができます。

フィリピンは、確実に人口が増え、それにともなう経済成長も見込まれていますので、不動産の投資先として非常に有望です。

言語も英語で、不動産に関する法律や制度もオーソドックスですから、初めて海外不動産投資を行う人に向いているといえるでしょう。

フィリピンの注目物件

フィリピンで注目したいのは、前ドゥテルテ大統領から続く「ビルド・ビルド・ビルド政策」という積極的なインフラ計画です。特に鉄道や橋などの交通インフラは至る所で整備が進み、今後、利便性が高まるエリアを予想することができます。

なかでもＪＩＣＡ（国際協力機構）と日系企業の協力（ＯＤＡ＝政府開発援助）により開発が進められている「メトロ・マニラ・サブウェイ」は、マニラ国際空港からビジネスの中心部を通ることになり、現地で最も有望視されている交通インフラです。その路線上の開発プロジェクトは、計画発表後から徐々に不動産価格が上がり始め、現在も堅調に上昇しています。

たとえば、三大CBD（central business district、官公庁やオフィスビル、商業施設などが集まっている地区）であるオルティガスエリアにおいて、オルティガスランドが開発しているOLINというプロジェクトがあります。オルティガスノース駅から徒歩約7分の立地で、周辺にはAクラスのオフィスが立ち並ぶ、東京でいえば西新宿地区といえる場所にある高層コンドミニアムは、1000万円台で購入できるため、とても人気があります。

2013年からフィリピン不動産に携わられている、RAM Homes Allied Services Inc.代表の桐原隆氏によれば、平均年齢24歳のフィリピンは、今後30年以上の人口増加が見込まれる魅力的な市場であり、2022年に新型コロナウイルス感染症の規制が緩和され、経済にも活気が戻ってきているそうです。また、前述のメトロや、メトロ・マニラ北部のブラカン州に建設される新マニラ国際空港といった急速なインフラ開発によって、さらなる不動産価値の向上が見込まれていることもポイントで、特に桐原氏が注目しているのは、マンダルーヨン市、ケソン市、カロオカン市といった開発重点エリアとのことです。

現在、RAM Homesは、DMCIホームズによるプロジェクトの販売をしており、ケソン市に位置するTHE ORIANAというプロジェクトが好調のようです。2026年4月に完成のプレセールのプロジェクトで、ツーベッドルーム・54㎡が日本円で1800万円ほどで購入できます。これから地下鉄が開業するケソン市は、投資先として有望です。

物件名：THE ORIANA
場所：ケソン市（マニラ）
広さ：約54～70㎡
参考ユニット：約54㎡　PHP7,364,000（約1,841万円）
※１PHP ＝2.5円

Chapter 4

【投資先有力候補3】大韓民国

人口は減少傾向でも不動産は今が買いどきの隣国

基本データ

国名：大韓民国
首都：ソウル
人口：約5180万人（2021年）
通貨：韓国・ウォン
言語：韓国語
政治体制：民主共和国
日本からの飛行時間：約2時間30分
GDP成長予測：2.45%（2023～27年の平均）
人口増減予測：マイナス約610万人（2050年までに）
都市人口率：81%

不動産関連データ

外国人不動産所有：土地、建物とも可能（申告及び登録番号の取得が必要）
移住人気ランキング：ー
不動産価格上昇率（年）：−4.60%（ソウル）
平均利回り（年）：2～3%（ソウル都市部）

「1人当たり実質GDP」は日本超え

韓国は日本から一番近い国であり、国際会議「G20」の加盟国でもある先進国です。GDPの推移を見てみると、右肩上がりで成長していることがわかります。金額では日本の半分にも及びませんが、物価変動の要素を除いた「1人当たり実質GDP」ではすでに日本を追い抜いています。

韓国が日本を追い抜いているのは1人当たり実質GDPだけではありません。OECDが発表している「平均賃金」でも、マクドナルドで販売されているビッグマックの価格を比較する「ビッグマック指数」でも、アメリカの格付け会社であるスタンダード&プアーズ（S&P）による国債格付けでも、韓国は日本を追い抜いています。

主要産業は、電気・電子機器、自動車、鉄鋼などの製造業です。これら主要産業を牽引しているのが、サムスンや現代（ヒュンダイ）などの財閥で、こうした財閥が韓国経済において大きな役割を担っています。

人口は、本書で紹介している8カ国の中では唯一減少傾向にあり、日本同様、少子化、

図表4-1 韓国のGDP推移

出典：世界銀行とIMFのデータを元に筆者作成

図表4-2 韓国の人口推移予測

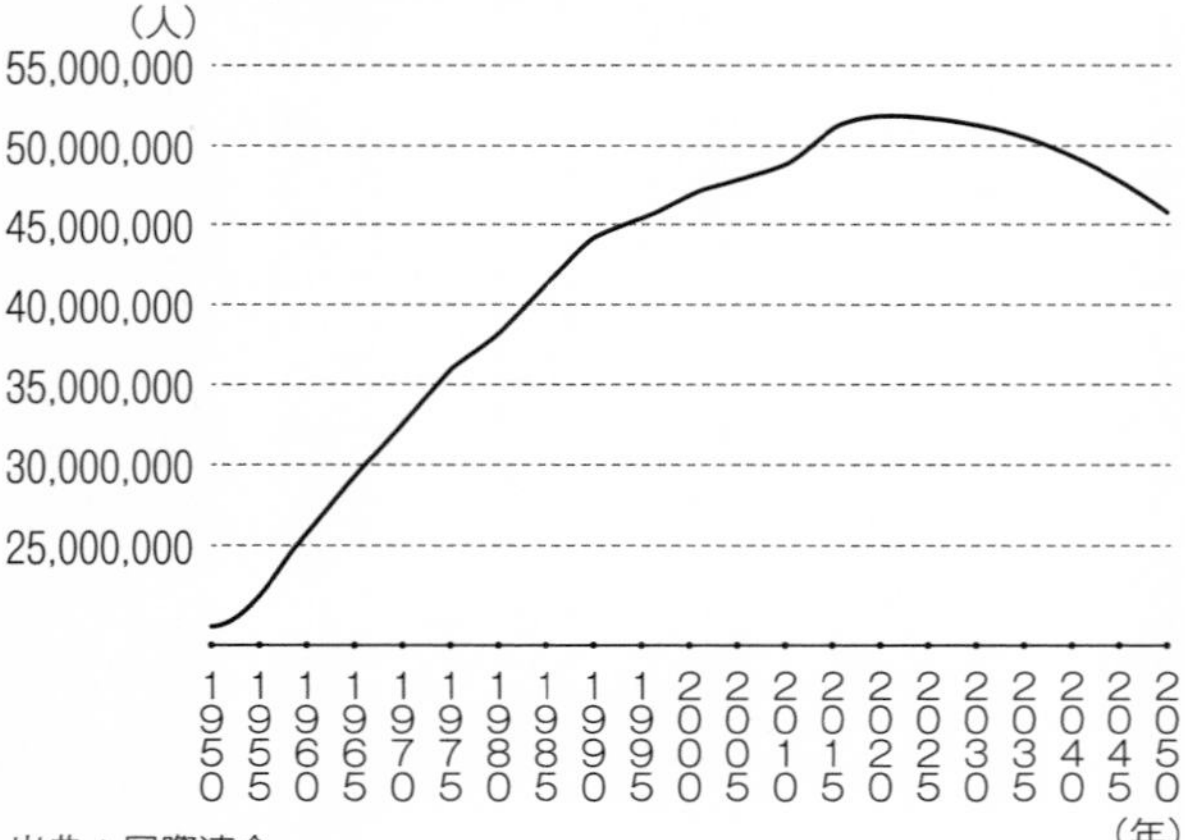

出典：国際連合

図表4-3 韓国・ウォンの為替推移[KRW／JPY]

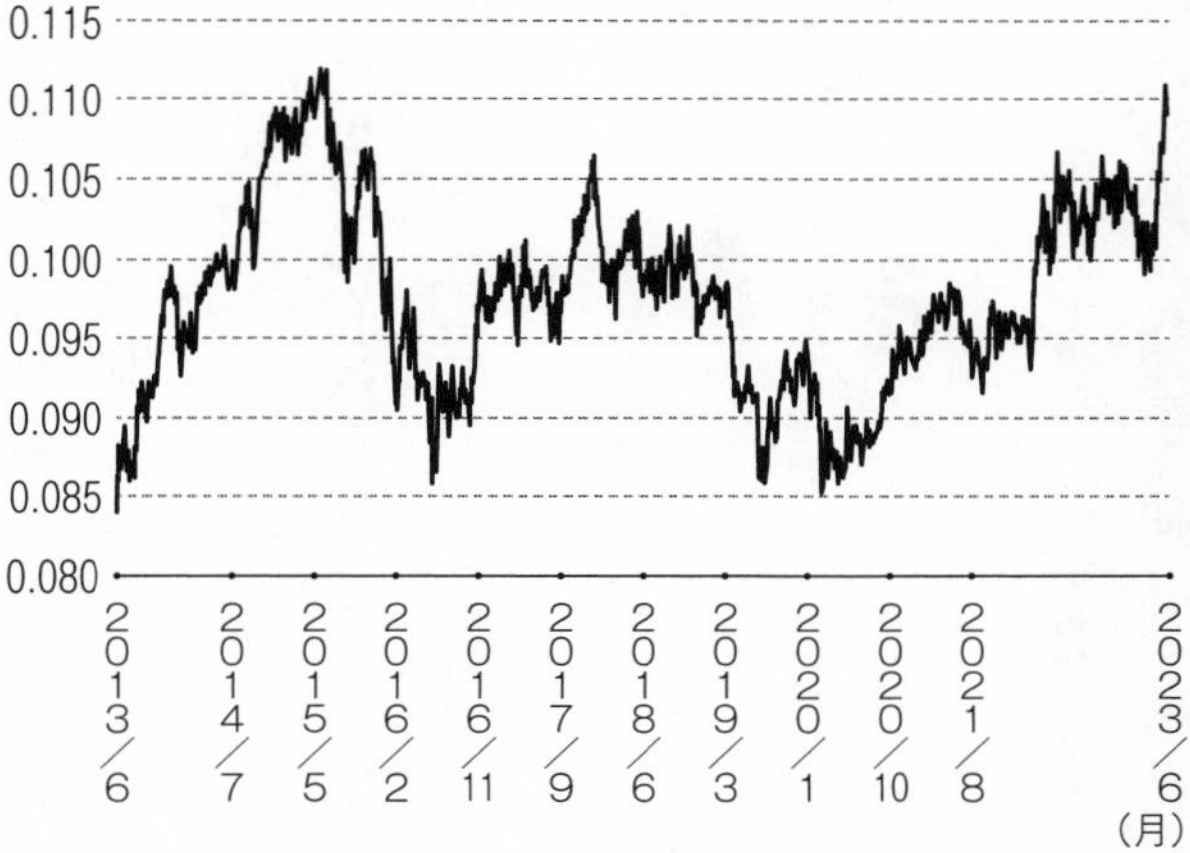

高齢化によって人口減少がますます進む予測となっています。

政治は、1期5年の大統領制で、2022年に尹錫悦《ユンソンニョル》氏が大統領に就任しました。与党と野党の政権争いは非常に激しいですが、どちらが政権をとっても国の政策が大きく変わることはなく、安定しているといえます。

韓国の通貨ウォンと日本円の為替レートの推移を見ると、2000年以降は安定的です。

不動産投資を行うに当たっては、人口減少はマイナス要因ですが、経済が成長している点や産業基盤がしっかりしている点、政治や為替が安定している点などはプラス要因として考えられます。

人口が減少する日本でも東京の中心部が不動産価格の上昇を見込めるのと同様に、韓国ソウルの中心部や他大都市の希少性のあるエリアなら、不動産価格は今後も安定もしくは上昇する可能性があります。

制度は日本と共通点が多く安心感あり

韓国では、日本やアメリカと同じように、外国人も土地や建物を購入して所有することが可能です。ただし、非居住外国人が韓国の不動産を購入する際には、申告及び登録番号の取得が必要になります。

不動産仲介業を行うためのライセンス制度があるのも、日本やアメリカと同じです。「公認仲介士」資格を取得するための資格試験は非常に難しく、合格率が5％を切っています。このため韓国では、公認仲介士は弁護士並みに難易度の高い資格となっています。不動産売買を行う私たちにとっては、それだけ優秀な人たちが仲介業務を行ってくれることになりますので、安心感があります。

日本には、不動産業者間で利用されている情報システムとしてレインズがあるといいましたが、韓国にも同様の情報システムがあります。

不動産の登記制度は日本とほとんど同じで、登記簿の構成も日本と同一です。そのため、韓国語が読めなくても、日本の登記簿と見比べれば、担保がついている物件かついていない物件かなど、おおよそのことがわかります。

このように、韓国の不動産取引は、日本と共通する点が多いため、言語こそ違いますが、安心して取引を行うことができるといえるでしょう。

なぜ今が「買いどき」なのか？

人口が減少傾向にある韓国をあえて有望な不動産投資先として紹介する理由は、現在、不動産価格が下がっているからです。２０２０年の新型コロナウイルス感染症の感染拡大後に不動産価格が上昇しているのは、世界各国と同じなのですが、22年をピークに下がっています。

その理由は、20年からの2年間で約20％も急激に価格が上がったからであり、上がりすぎた分、バブルがはじけて下がっているのではないかという見方が一般的です。

図表4-4 韓国の不動産価格推移

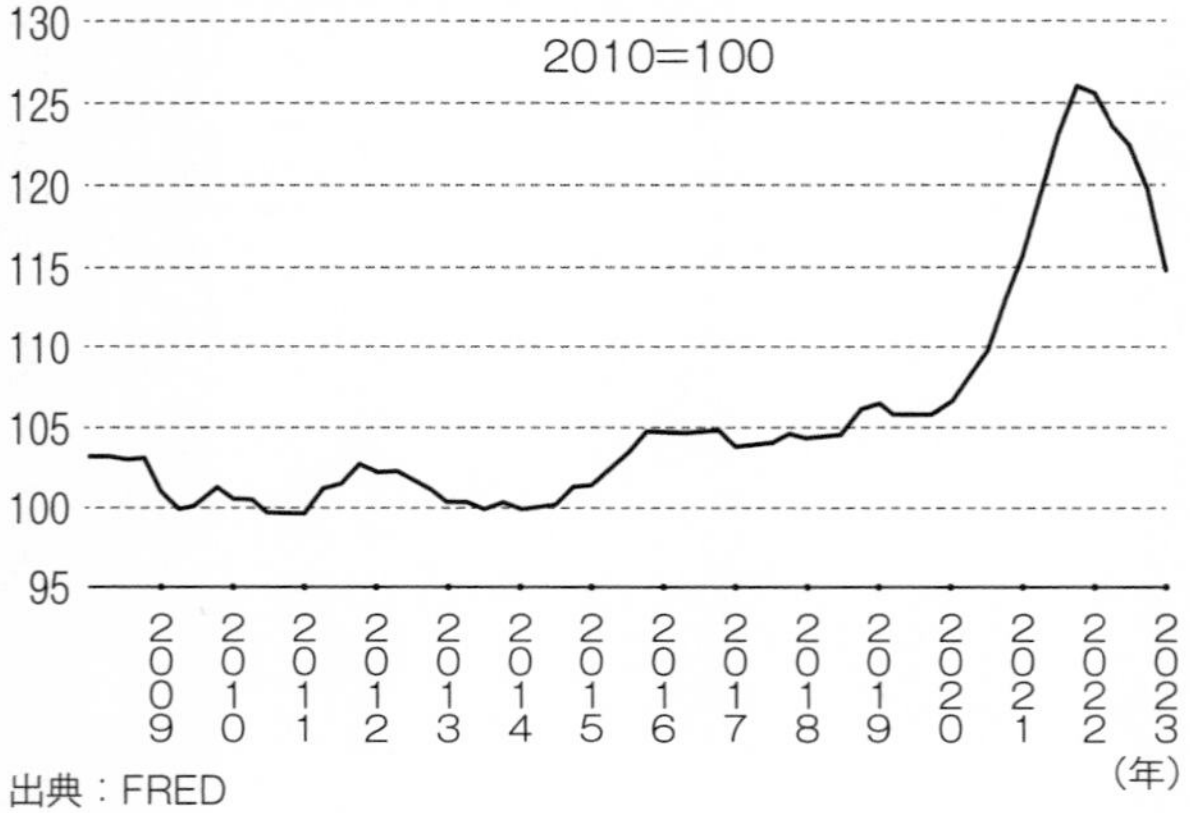

出典：FRED

それらを踏まえ、不動産投資の検討エリアとしては、首都ソウル、第二の都市釜山《プサン》などが考えられます。ソウルの商業地江南《カンナム》など、不動産価格の上昇が国全体の価格上昇よりも急激であったところほど、現在、下げ幅も大きくなっています。

このまま不動産価格が下がり続けると見るか、いずれまた上昇に転じると見るかですが、私は後者の可能性が高いと見ているため、価格が下がっている現在の韓国の不動産は「買いどき」であり、韓国不動産への投資には妙味があると判断しています。買いどきは、23年以降もしばらくは続くでしょう。

利回りは、ソウルの都市部で2～3％程度でしたが、物件価格が下がり、5%程度になる物件も出てきています。このため、23年現在、某鉄道会社などの日本企業が韓国の商業ビルやホテルを買う動きが活発化しています。すでにソウル中心部の商業物件については価格が反転し始めており、韓国内需の底堅さを実感できます。

個人投資家へのおすすめも、まずは商業物件の一つであるホテル物件です。ソウルは観光地としても海外から人気があり、今後もホテルのニーズは高く維持されることが予測できるからです。

特殊な賃貸制度「チョンセ」とは？

逆に、住宅物件を買うことはあまりおすすめできません。それは、「チョンセ」と呼ばれる韓国の賃貸制度がちょっと特殊だからです。

日本をはじめ多くの国では、借り主が不動産の所有者に毎月家賃を支払うのが一般的です。これに対してチョンセでは、住宅の販売価格が5000万円だとしたら、借り主に3000万円を前払いしてもらって、その住宅を貸します。住宅の所有者は、その3000

万円を頭金にしてローンを組み、別の不動産を買います。その不動産もチョンセで貸せば、またまとまった金額が入手できるので、それを頭金にさらに別の不動産を買う。こうしたチョンセの仕組みを使って不動産を3つ、4つと買い進める人が現れ、それによって不動産価格が高騰し、不動産バブルが生まれたのです。

日本人がこのチョンセで不動産を賃貸することもできますが、韓国語が堪能でない限り、おすすめしません。一方で、日本の一般的な賃貸制度に近い、月払いの「ウォルセ」と呼ばれる制度もあります。「チョンセ」と「ウォルセ」はおおむね半分ぐらいずつとなっています。

もう一つ、一般的な投資用住宅をおすすめしない理由は、韓国も不動産管理会社がほとんどないためです。不動産所有者が自ら大家業を行っているため、管理会社の必要性がないのでしょう。こうした点からも、韓国で不動産投資を行うなら、不動産管理会社が不要なホテルがおすすめなのです。

ソウルの都市部にあるホテルの一室で、3000万円ぐらいから物件があり、利回りも6〜7%あります。一方、住宅は1億円を超える物件がほとんどで、利回りも2〜3%です。ただ、「掘り出し物」を見つけて不動産価格のピーク時よりも3～4割安く購入できれば、利回りも5％以上が期待できるかもしれません。

物件探しは、新築であっても中古であっても、韓国のエージェント（不動産会社）に依頼するのが一般的です。ただ、韓国語でのやり取りになりますので、日本で韓国の不動産を扱っている不動産会社（エージェント）を活用するのが良いと思います。韓国の不動産情報は日本と同様に母国語で書かれているものがほとんどで、インターネット上で物件情報を探すことは困難です。物件比較時には自動翻訳機能を使って周辺の物件との価格比較や賃料比較をするか、エージェントに資料提供を求めましょう。

外国人は不動産購入時にローンを組むことはできません。ローンを組んで不動産を購入したい場合には、日本国内の不動産を担保にローンを組む必要があります。銀行口座は新築物件であれば、デベロッパー（不動産開発会社）が提携する銀行が口座開設をしてくれるケースもあります。

韓国の注目物件

韓国では不動産価格が下落し始めていると言いましたが、それは過度な不動産価格抑制政策と金利の上昇によるところもあり、不動産オーナーにとっては非常に厳しい状況です。特に価格が高騰した住宅については、新築及び中古市場が冷え込んでいるため、今が「買いどき」ではありますが、今後の不動産投資に関しては慎重になるべきでしょう。

注目すべきアセットタイプはホテルです。それも、最も収益性が高くなるバジェットホテル（客室単価が安いホテル）だと考えています。人気の海外旅行先として多くの外国人が訪れるソウルではホテルの需要が増えていて、ホテル・コンドミニアムであれば、ホテルの稼働や宿泊単価に応じて収益が分配されるため、安定した収益を期待できます。

現在は、2022年11月に開業した新築のホテル・コンドミニアムが、韓国国内だけでなく日本でも販売されています。N285ホテル仁寺洞《インサドン》と呼ばれるこのホテルは、ショッピングで有名な明洞《ミヨンドン》から徒歩圏にある文化街の、仁寺洞の入り口に建築されたブティックホテルで、多くの外国人が集う、東京の浅草と原宿を足して2で割ったようなエリアに位置しています。

現在すでに稼働しているため、稼働率を確認した上で購入することができます。2023年7月時点で稼働率は70％を超えています。通常、新築ホテルの稼働率は40〜50％程度で推移するのが一般的であり、2〜3年かけて周辺の稼働率のように上がってくるものと考えると、ホテル開業初年度ながら非常に高い稼働率といえます。

また、N285ホテル仁寺洞は、デイユースでの利用も受け付けていることで、オーナーが取得する収益分配を最大化させる工夫もなされています。

ホテル・コンドミニアムは東京にはありません。ソウルでも非常にめずらしいため、その立地も相まって希少性が高いと考えています。

年間10泊の無料宿泊の提供や初年度6％の利回り保証など、先進国ながら新興国のホテル・コンドミニアムと同じようなシステムやサービスが提供されていることも魅力的です。また銀行口座の開設も可能になっています。

物件名：N285ホテル仁寺洞
場所：仁寺洞（ソウル）
広さ：約22〜23㎡
参考ユニット：KRW310,000,000（約3,100万円）〜
　初年度利回り保証６％（表面）　ホテルマネジメントプログラム式
※１KRW ＝0.1円

Chapter

5

【投資先有力候補4】カンボジア王国

トップクラスの
GDP成長率を誇り
英語と米ドルが
使用可能な優良国

基本データ

国名：カンボジア王国

首都：プノンペン

人口：約1660万人（2021年）

通貨：カンボジア・リエル（米ドル）

言語：クメール語

政治体制：立憲君主制

日本からの飛行時間：約6時間20分

GDP成長予測：6.43％（2023〜27年の平均）

人口増減予測：プラス約370万人（2050年までに）

都市人口率：25％

不動産関連データ

外国人不動産所有：コンドミニアムのみ可能

移住人気ランキング：ー

不動産価格上昇率（年）：−9.09％（プノンペン）

平均利回り（年）：約7％（プノンペン）

20年間でGDPが7・5倍に成長

カンボジアの最大の特徴は、過去20年間でGDPが約7・5倍も成長したことです。今回紹介する8カ国のなかでトップの成長率であり、世界的に見てもトップクラスの経済成長を遂げた国だといえます。

もう一つの特徴が、フン・セン首相が20年以上にわたって政権を握っている、独裁体制ともいえる政治状況です。良いか悪いかはともかく、この事実上の独裁体制によって大きな経済成長が成し遂げられたことは紛れもない事実でしょう。

前章で紹介した韓国も、朝鮮戦争後に「漢江《ハンガン》の奇跡」と呼ばれる高度経済成長を遂げましたが、このときは朴正熙《パクチョンヒ》大統領の独裁体制でした。

カンボジアの言語はクメール語ですが、英語を話せる人も多く、不動産取引は書類も含めて英語で行われます。

通貨もカンボジア・リエルですが、米ドルも市中に流通しているため、基本的に不動産の売買は米ドルが利用可能です。したがって、リエルの為替相場を気にする必要はありま

図表5-1 カンボジアのGDP推移

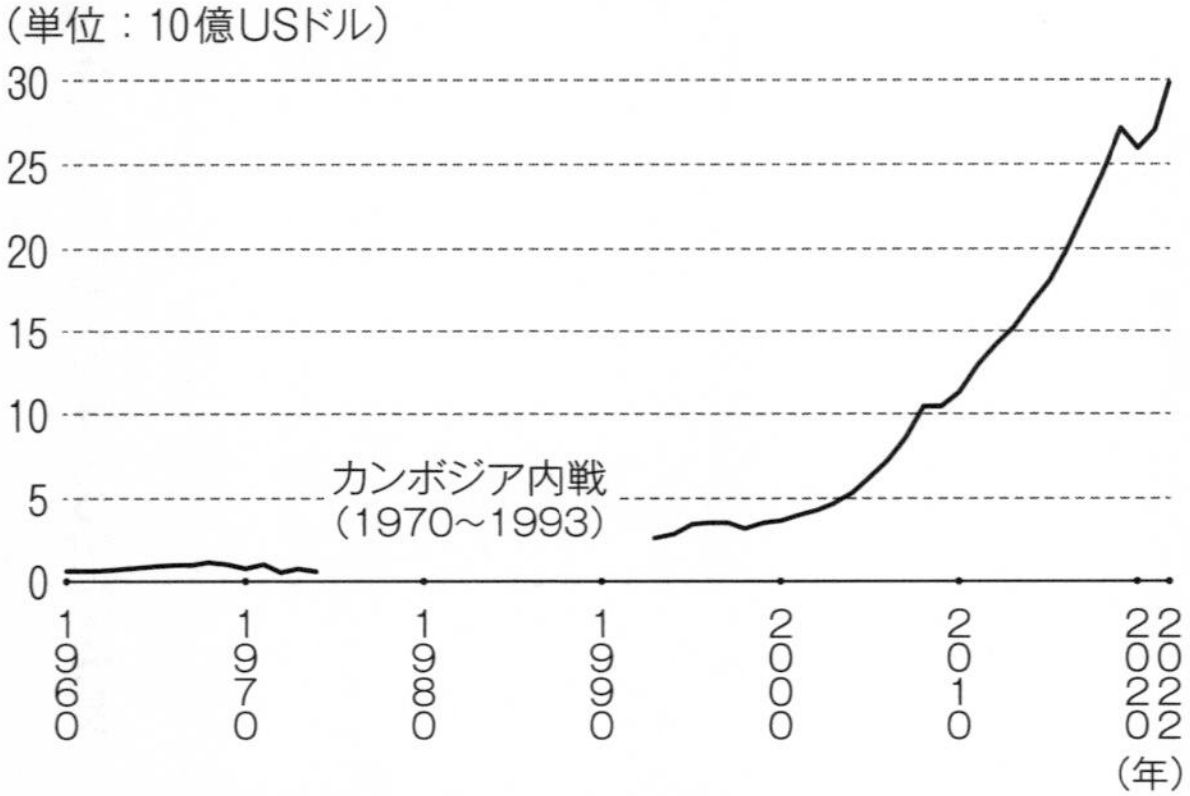

出典：世界銀行とIMFのデータを元に筆者作成

せん。

カンボジアの人口は約1660万人（2021年）と少ないですが、2019年までは毎年20万人以上増加していました。人口成長率は約1・5％で、国連は、50年までに2000万人を超えると予測しています。ただ、人口の絶対数は多くないため、人口が集中するエリアやプライムロケーションの不動産を中心に検討していくのがベストです。

カンボジアは地政学的に好位置にあり、タイ、ベトナム、ラオスと国境を接しています。海を挟んだマレーシアにも近く、海路も発達しています。経済発展が著しいタイとベトナムに挟まれているため、中間のカンボジアに物流拠

図表5-2 カンボジアの人口推移予測

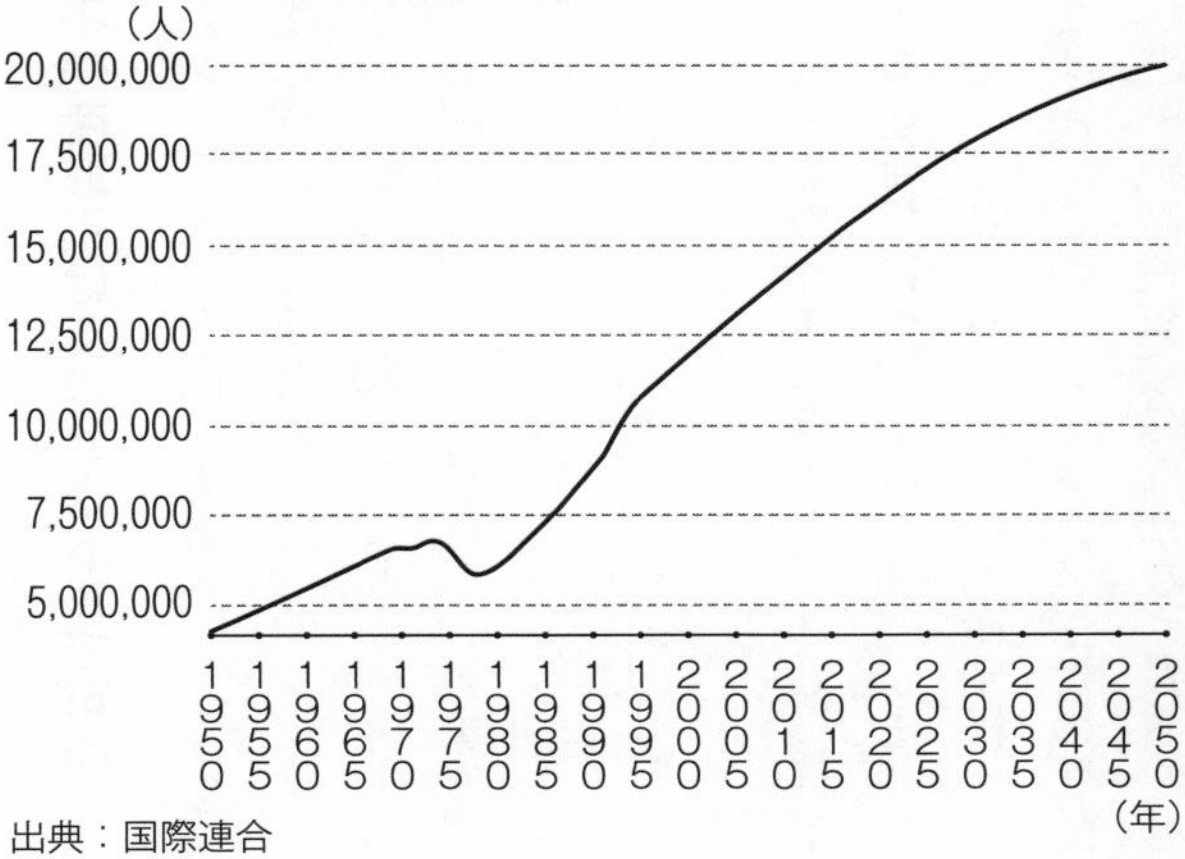

出典：国際連合

点を置くグローバル企業もあります。中国の一帯一路構想のなかでも、カンボジアは物流・輸送において重要な地域といえます。

フン・セン首相が70歳を超え、独裁体制が今後どうなっていくのか、やや先が見通せないというリスクはありますが、存命中に後継者への権限委譲が適切に行われさえすれば、外資を受け入れながら経済成長を目指す政策の下で、人口と経済が今後も成長することは間違いないでしょう。英語と米ドルで不動産取引ができる点は、他の東南アジア諸国にはないアドバンテージとなります。そこが大きなプラス要因だと考えています。

不動産取引は英語と米ドルで可能

カンボジアで外国人が購入できる不動産はコンドミニアムだけで、土地や土地付き一戸建ては購入できません。そのコンドミニアムも、1階は購入することができず、コンドミニアム1棟のうち70％までしか購入できないという制限もあります。しかし、他の東南アジア諸国では、フィリピンで40％まで、タイで49％までと、外国人が保有することができる制限が厳しいのに対して、カンボジアは外資をより受け入れる制度になっていることが、外国人の多くが良質な物件やユニットを選定しやすいというメリットとなっています。

不動産を仲介するライセンスは、日本やアメリカ同様にあります。

不動産価格については、制度がまったく整っていないため、透明性は高くありません。一方で、２０２０年より不動産価格インデックスがスタートしたので、まだ数年分ではありますが、このインデックス指数の変動は見ることができるようになりました。透明性が低いと、機関投資家はなかなか投資をしにくいのが現状ですが、その分、先見性のある個人に上流の不動産投資のチャンスが回ってくるともいえます。

確かなデータはありませんが、不動産価格は、直近の5年間で約1・5倍に上がったと予測されています。

実際、アメリカやシンガポール、日本の富裕層が、カンボジアの不動産を投資目的で購入しています。購入エリアの多くは、首都プノンペンの中心部です。

具体的には、外国人が住むプノンペンの一等地ボンケンコン・ワン（BKK1）と呼ばれる地区や、メコン川沿いのリバーサイド、中華系を中心として開発されているダイヤモンドアイランドの3エリアです。これらのエリアは現在も商業施設やオフィスも含めた開発が進んでおり、地域の利便性の上昇が見込めるため、不動産価格の上昇も期待できる購入候補地になります。

また、プノンペンの東側を流れるメコン川には橋がなく、現在、いくつかの橋が建設中です。これらが完成すれば、川の対岸の利便性が一気に高まるため、この地区の開発も進んでいます。ここも今後は購入候補地になってくるでしょう。2014年にはプノンペンにイオンモール1号店が開業し、2023年には3号店がオープン。日本のイオンモールと変わらない広さと品揃えが、外国人はもちろん、現地の人々の生活を向上させています。

利回りが7%と高く、人気が急上昇

カンボジアは、インフラを含めてこれからさらに開発が進んでいく国であり、まさに発展途上中の国です。

不動産取引に関するデータ整備や仲介業者が使うシステム開発などもこれからです。そのため、日本やアメリカ、韓国などの先進国に比べると、不動産取引の透明性が低いだけでなく、取引のスピードが遅いという難点もあります。

不動産投資のリスクの一つに、「売りたいときに売れない」点がよく挙げられますが、カンボジアをはじめとした新興国では、流通システムが不備であるために、このリスクが現実となる可能性があることは認識しておきましょう。

そのことを踏まえ、投資する物件は、新築のコンドミニアムが狙い目です。もしくは中古の築浅の物件を選ぶと良いでしょう。理由はフィリピンと同様で、築年数が経過したものは劣化が激しくなることと、近年、建物のクオリティが向上したため、今後のメンテナンスを考えると新しいコンドミニアムが安心だからです。

また、ホテル・コンドミニアムの物件もあります。カンボジアのホテル・コンドミニアムは、10年間の賃料保証プログラム（ペイバック）や、フィリピン不動産にもある買い取り保証（バイバック）のついた物件が、他国より多い印象です。ただし、米ドルでの不動産投資でこのような保証がついているのは、安心感がある一方で、デベロッパーやオペレーターの経営次第では債務履行についてのリスクも発生するため、財務体質を確認しておく必要があります。

物件探しは、現地のエージェントやデベロッパーに直接依頼することもできますが、まずはカンボジアの不動産を扱っている日本のエージェントに相談することになるでしょう。

物件の価格は、１０００万円を切るものからあり、購入後の不動産管理は、ボンケンコン・ワンであれば、エイブルなどの日系企業に依頼することが可能です。

カンボジアでの不動産投資はキャピタルゲインだけではなく、利回りが高いのも特徴です。現在の一等地の新築プロジェクトでも利回りは7%ぐらいあります。多くがエクスパッツ（国外居住者）などの外国人が賃貸で借りる物件になるため、欧米人や日本人を含めたアジア人のコミュニティエリアを確認しておくと良いでしょう。

英語と米ドルで買えることを考え合わせると、初めて不動産投資を行う人でもカンボジアは比較的購入しやすく、欧米、フィリピンをはじめとした東南アジアを所有している方が、あわせて購入していることもうなずけます。

カンボジアの注目物件

カンボジアでは日系の大手企業が分譲用不動産開発に関与しているケースは少なく、多くが中華系の企業による開発です。そのようななかで首都プノンペンにおいては、注目すべき日系企業による大規模開発がなされています。それが、現地で投資をされている方ならよくご存じの「Jタワー」シリーズです。

神戸で不動産業をされていた谷俊二氏がカンボジアで立ち上げた、タニチュウアセットメント社が手がけるコンドミニアムで、Jタワーシリーズと呼ばれる分譲は、現在J

タワー2まで竣工されています。2023年2月にJタワー3の開発計画が発表され、日本を含め世界の投資家が注目しています。

エリアは、ボンケンコン（BKK）と呼ばれる街区の南側で、通りを挟んだ反対側は、BKK1という最も外国人が多く住むエリアです。77階建てで300メートルを超える高層コンドミニアムには最上階にプールがつくなど、日本では考えられないような豪華な造りとなっています。価格帯も非常にリーズナブルなことから、売れ行きも好調のようです。

完成後はランドマークになることは間違いなく、カンボジアの要人やセレブリティも居住することが期待されています。

物件名：J Tower3
場所：プノンペン
広さ：約166㎡＆178㎡
参考ユニット：USD330,000（約4,290万円）～
※ 1 USD ＝130円

Chapter

6

【投資先有力候補5】
マレーシア

東南アジアで唯一
土地購入が可能、
開放感あふれる住空間で
移住人気ナンバーワン

基本データ

国名：マレーシア
首都：クアラルンプール
人口：約3360万人（2021年）
通貨：マレーシア・リンギット
言語：マレー語、中国語、タミール語、英語
政治体制：立憲君主制（議会制民主主義）
日本からの飛行時間：約7時間30分
GDP成長予測：4.53%（2023～27年の平均）
人口増減予測：プラス約750万人（2050年までに）
都市人口率：78%

不動産関連データ

外国人不動産所有：コンドミニアムおよび一戸建て（土地付き）
移住人気ランキング：1位
不動産価格上昇率（年）：0.10%（クアラルンプール）
平均利回り（年）：4.82%（マレーシア）

「中華系」の人たちと英語で取引するのが主流

マレーシアの公用語はマレー語ですが、英語も準公用語として認められており、東南アジアでは、フィリピン、シンガポールと並んで英語が通じる国です。不動産売買の契約書などといった書類やエージェントとのメールのやり取りなどは、すべて英語で行われます。ただし、政府に提出する、あるいは申請する書類についてはマレー語になります。

政治は立憲君主制の議会制民主主義で、首相制度です。日本でも有名なマハティール首相が1981年に就任し、日本の近代化を模範とした「ルックイースト政策」で経済を大きく成長させました。

独立以来、統一マレー国民組織（国民戦線）が長らく政権を握っていましたが、2018年、マハティール氏が新しい政党（マレーシア統一プリブミ党）で初の政権交代を実現します。それ以後は、数年ごとにコロコロと政権が変わり、保守系の政党が政権に就くと、外国人へのビザ発行や、外国人の投資に対する法律や制度が厳しくなる傾向があります。

国教はイスラム教ですが、同じイスラム教の中東諸国に比べると、戒律はさほど厳しくありません。

人種構成は、マレー系が約70％、中華系が約23％、インド系が約7％です（2022年マレーシア統計局：外務省のホームページより）。ちなみに、シンガポールはその逆で、中華系が約76％、マレー系が約15％で、インド系が約7％です。

とはいえ、不動産取引も含めて、私たちがビジネスで相対するマレーシア人のほとんどは中華系（華僑）です。こうした中華系の経済的優位に対抗するために、マレー系を優遇する「ブミプトラ」と呼ばれる政策がとられています。

一方で、外国人に対してオープンな面もあり、たとえば外国人がマレーシアで企業を創設する場合、100％のオーナーシップを認めています。外資規制などもゆるめなので、外国人がビジネスをしやすい国といえるでしょう。

GDPの推移を見ると、順調に右肩上がりで成長しており、東南アジアではシンガポールに次いで経済が成長しています。

マレーシアの人口は、約3360万人（2021年）で、フィリピンやタイに比べると少ないですが、人口は1％強ずつ毎年増えており、国連の予測によれば、人口のピークは

図表6-1 マレーシアのGDP推移

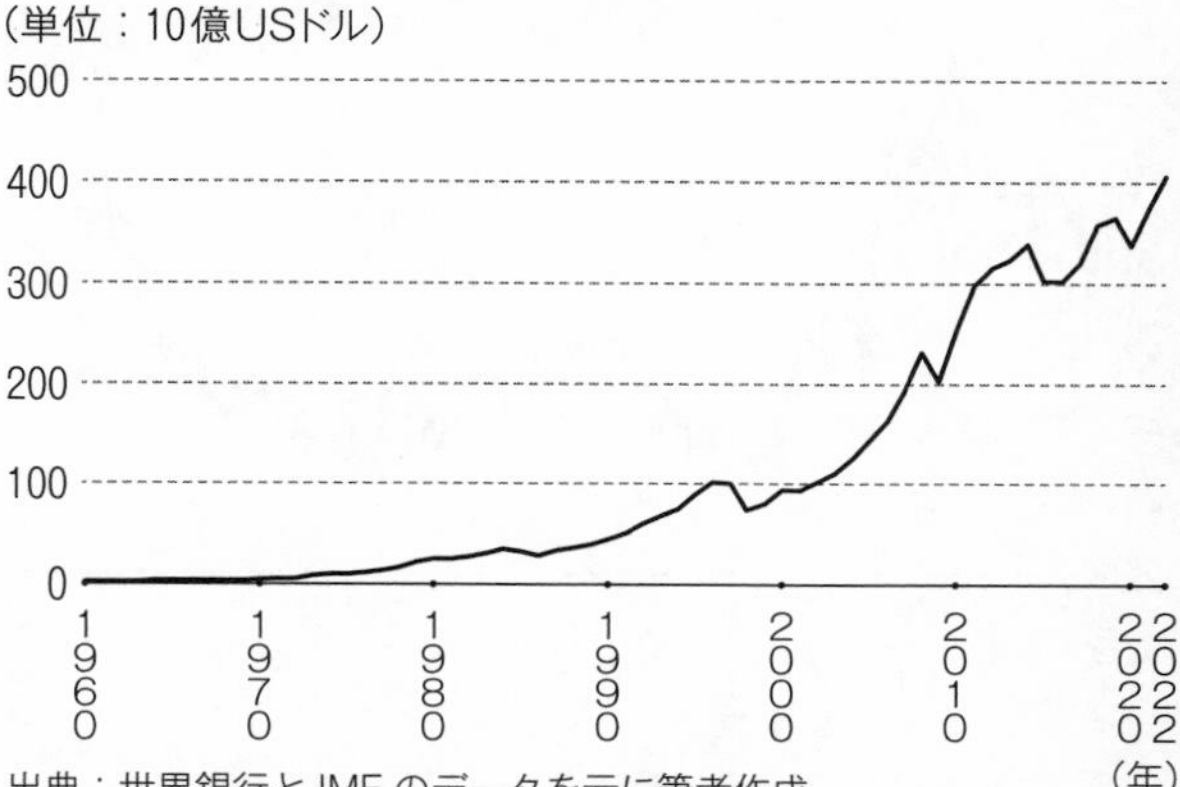

出典：世界銀行とIMFのデータを元に筆者作成

図表6-2 マレーシアの人口推移予測

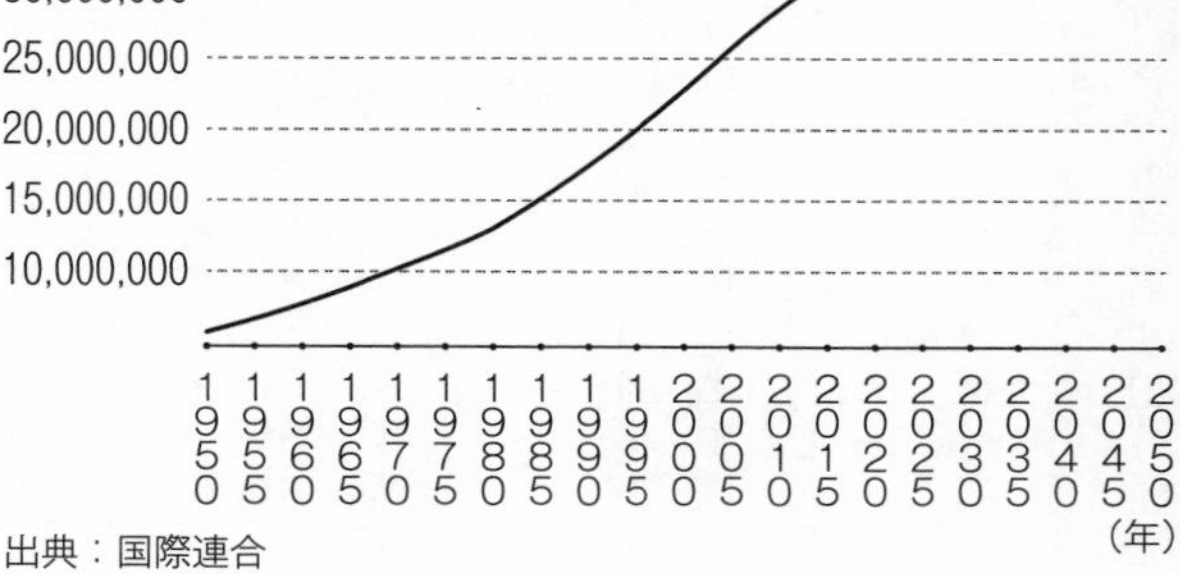

出典：国際連合

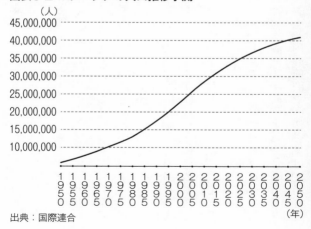

図表6-3 マレーシア・リンギットの為替推移[MYR／JPY]

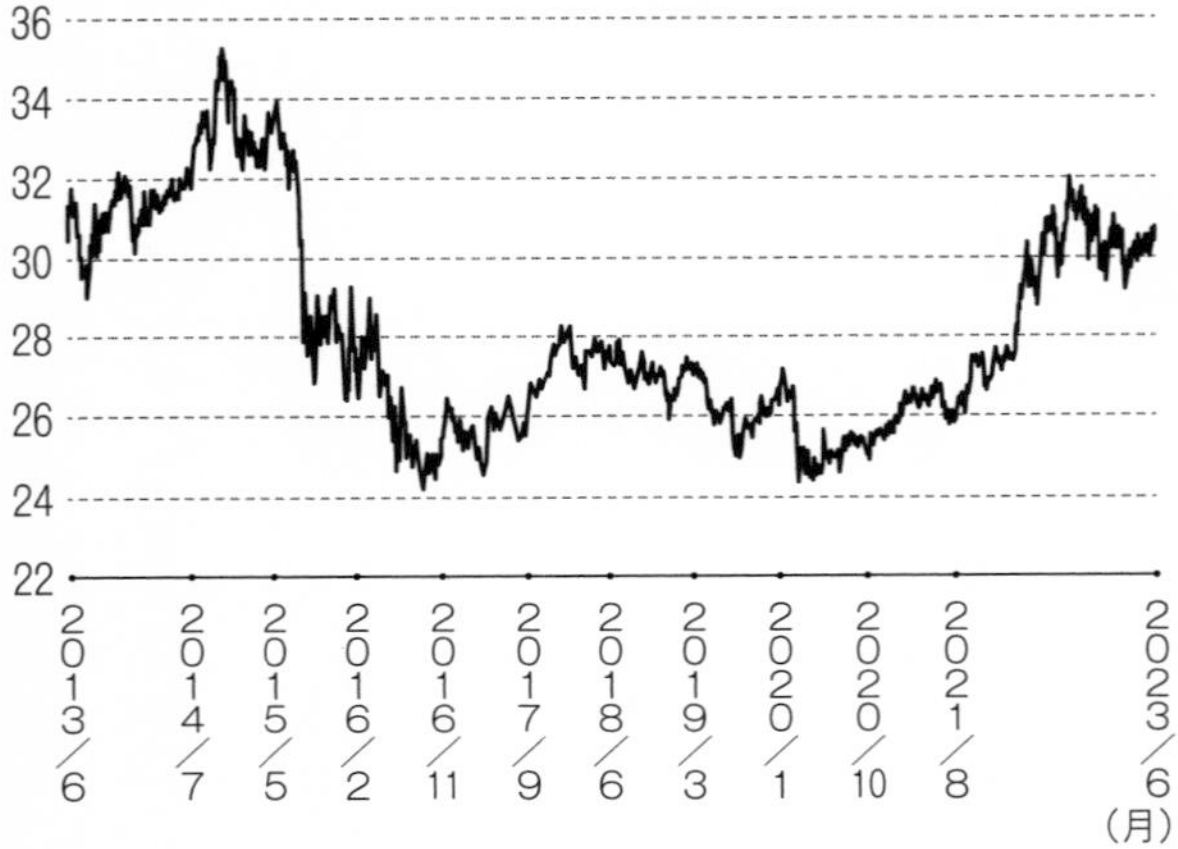

２０６０年ぐらいになります。首都クアラルンプール（ＫＬ）の面積は東京都の約25％で、人口は約１８０万人です。こう見るとクアラルンプールの人口は、ＡＳＥＡＮの主要国を指す「ＡＳＥＡＮ５（アセアンファイブ）」の首都において圧倒的に少ないことがわかります。一方で、クアラルンプール首都圏と呼ばれるクアラルンプール周辺の州を含めた約５０００平方キロメートルの人口は８００万人を超えます。

なお、マレーシアに住む日本人は、約２万５０００人です。

通貨は、マレーシア・リンギット。対日本円の為替の推移（直近10年間）を見ると、１リンギット＝24～35円の範囲で、変動幅は20％程度

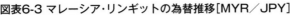

と安定しています。

日本人が買える物件は3000万円から

マレーシアは外国人に対してオープンな国と言いましたが、不動産においても同様で、東南アジアで唯一、土地を購入することができます。したがって、コンドミニアムだけでなく、土地付き一戸建てが購入でき、海外生活やリゾート暮らしで想像するビバリーヒルズの一戸建てのような邸宅を購入することも可能です。

ただし、外国人は100万リンギット以下の不動産は購入できないという価格規制があります。1リンギット＝30円とすると、3000万円になります。これは、手頃な価格の不動産を外国人が買えるようにすると、どうしても価格が上昇し、地元のマレーシア人たちが買えなくなってしまうためで、それを防ぐべく購入価格の下限規制を行っているのです。

とはいえ、この規制価格は州ごとに変更することができ、ほとんどの州は100万リンギットですが、シンガポールに一番近い南部のジョホール州や、そのジョホール州と首都クアラルンプールの間にあるマラッカ州などは、50万リンギットに規制価格を引き下げています。これはひとえに、安価な住宅であっても外国人に不動産を買ってもらいたいからです。

ジョホール州もマラッカ州も、住宅などの不動産開発が進んでいることもあり、地元の住宅ニーズはすでに満たされています。このため、余剰分を外国人に買ってもらい、投資や移住をしてほしいと州政府が考え、外国人が購入しやすいように価格の下限を他州に比べて下げているのです。

ジョホール州の州都ジョホールバルは、サッカー日本代表が初めてワールドカップ出場を決めた地としても有名ですが、シンガポールに通勤通学できるベッドタウンとして期待されています。

ジョホール州では、2005年時点で約130万人だった人口を、300万人にまで増やそうという、中国資本を中心とした「イスカンダル計画」が進んでいます。シンガポールへのアクセスが容易であるジョホール州には、シンガポールで働く多くの出稼ぎ労働者やシンガポール人のセカンドホームとしてのニーズがあり、人口の増加を見越した住宅開発が多く行われました。さらに新幹線の建設計画があったため（現在はマレーシア側の事情で中断中）、交通インフラ開発も相まって、ジョホール州に移住することがブームだったのです。

クアラルンプールから車で2～3時間の距離にあるマラッカ州は、マレーシアでも有数の観光地であり、世界遺産にも登録されています。16世紀にポルトガル、オランダ、イギリスに統治された歴史があり、東洋と西洋の文化が混ざり合った建築物などを見ることができる美しい街です。ここでもホテルやホテル・コンドミニアムを中心に大規模開発が進行中です。ホテル・コンドミニアムのような物件は、基本的に外国人の投資ニーズを頼りにした販売であり、最低価格が低いこともポジティブ要因となり、開発数が多いのです。

おすすめは断然クアラルンプール

ジョホール州やマラッカ州なら1500万円から不動産を買うことができ、ホテル・コンドミニアムなどといった長く賃料を享受できるレベルのものであれば、それも悪くはないのですが、私のおすすめは、やはりクアラルンプールです。

クアラルンプールは、正式にはどこの州にも含まれない「クアラルンプール連邦直轄領」です。隣接するセランゴール州は、外国人が購入できる不動産の下限価格を200万リンギット＝6000万円に設定しています。これはジョホール州やマラッカ州とは逆に、地元のマレーシア人に住んでもらいたいからですが、クアラルンプール自体は、100万リンギット＝3000万円が下限価格です。

クアラルンプールには、いくつかの投資先有力エリアがあります。1つが、クアラルンプールシティセンター（ＫＬＣＣ）と呼ばれる中心部。オフィス街で仕事をする駐在員の多くはこのエリアに住宅を借りています。ペトロナスツインタワー付近にも日系企業が多数あります。

ブキッ・ビンタンというエリアは、日本でいえば銀座に当たるようなところで、高級ブランドショップが集まっており、ザ・リッツカールトンをはじめとした5つ星ホテルも点在しています。

少し離れたＴＲＸというエリアはマレーシアの経済プログラムの一環で国際金融特区として開発が進んでいるエリア「Tun Razak Exchange（ＴＲＸ）」のことで、証券取引所などがあります。この周辺に住宅を借りる人たちも多く、今後さらに増えていくと予想されています。

ビジネスのために単身赴任でマレーシアに駐在している人たちは、利便性も安全性も高い、これら3つのエリアに住むのが一般的ですが、子ども連れの家族に人気が高いのは、中心部よりも少し郊外にある高級住宅街、モントキアラです。

中心部から車で20分ほどのエリアで、日本人家族のほとんどが、このモントキアラに住んでいます。白人も多く、インターナショナルスクールがいくつもあり、外国人居住エリアとなっています。

中心部よりも、不動産価格はもちろん、賃貸価格も安く、100平米のコンドミニアムでも、月15万円未満で借りることができます。買う人も借りる人も多く、中心部以外では、このモントキアラを検討エリアとして押さえておくと良いでしょう。

クアラルンプール以外で検討すべきエリアは、ジョホール州、マラッカ州に加えて、リゾート地であるペナン島、ランカウイ島などになります。

世界遺産に登録されているペナン島のジョージタウンは、リタイア後の移住先として、日本人にも人気があります。マラッカ、ペナン、ランカウイは、ホテル・コンドミニアムの物件も数多くあり、一度訪れると、リタイア後はぜひここでのんびり暮らしたいと思えるような魅力的なエリアです。海外リゾートながら、安心して生活できる住環境も整っています。

「ロングステイ希望国」14年連続ナンバーワン

クアラルンプール中心部は3000万円からしか買えませんが、3000万円のコンドミニアムの一室でも、場所によっては150平米ぐらいあります。この広さを考えると、他国に比べて割安だといえます。

マレーシアの生活費はタイよりも安く、フィリピンとあまり変わりません。規模はそれほど大きくありませんが、石油やガスを産出している資源国なので、ガソリンなども他国の7割程度と安価です。肉や野菜も自国で生産しているため、安く手に入ります。

一方で、価格が高いのはシンガポールと同様に酒類です。戒律で禁止まではされていいませんが、イスラム教国なので高い酒税がかけられているのです。とはいえ、コンビニでもお酒を購入することはでき、外国人にフレンドリーであることには違いありません。

自動車で移動することの多い社会ですが、その自動車も国産車のProton（プロトン）などは新車でも１００万円以下で買うことができます。日本と同様に右ハンドル左車線ですので、日本人でも運転しやすく、現地人の交通マナーも丁寧な印象です。日本の中古車も多数流通しています。

他の東南アジア諸国に比べて治安も良く、総じて暮らしやすい国だといえるでしょう。こうしたことから、一般社団法人ロングステイ財団が調査・発表している「ロングステイ希望国・地域」において、２００６～19年まで14年連続ナンバーワンに選ばれています。

広いのに割安なマレーシアの不動産

先ほど、クアラルンプールのコンドミニアムは広いと述べましたが、裏を返すと、イギリスの植民地だったからか小さい物件は少なく、ワンベッドルームでも60～80平米ありま

図表6-4 マレーシアの不動産価格推移

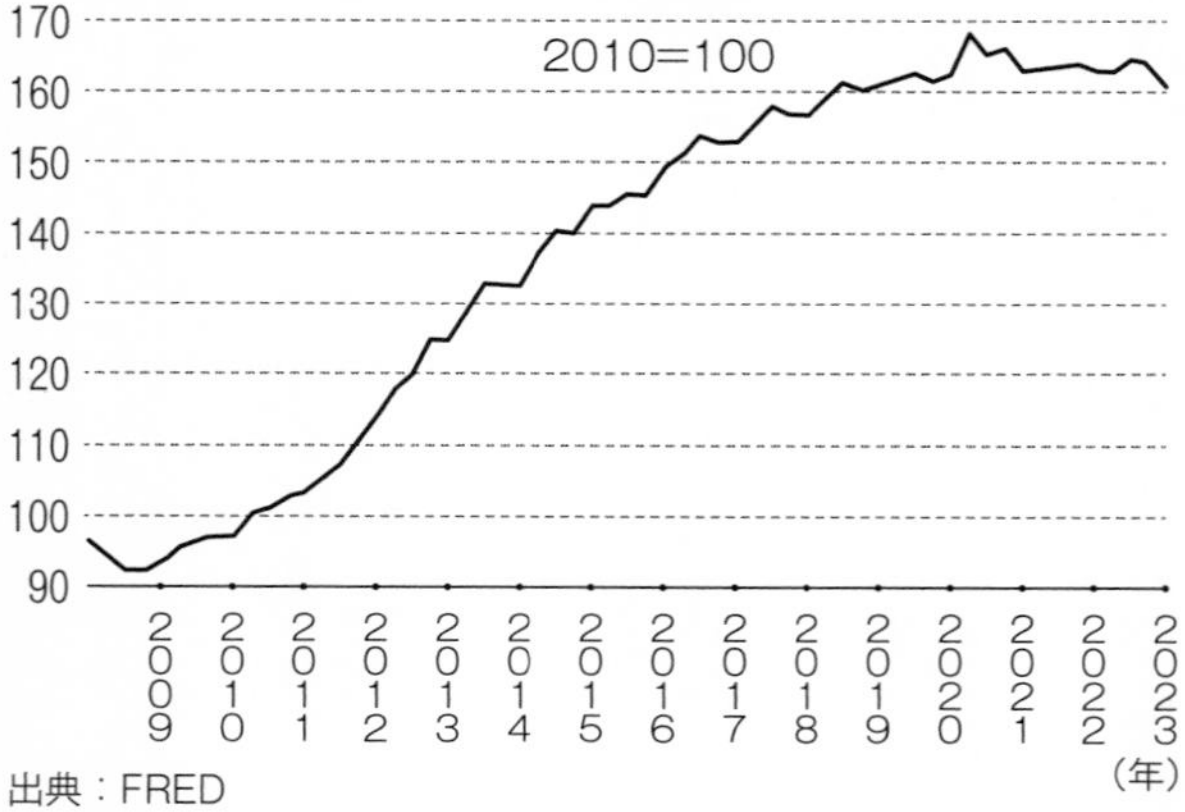

出典：FRED

す。ツーベッドルームなら80～１００平米、日本でこの広さのマンションに住む人は多くはないので、海外らしく広々とした空間での生活を望む人には、マレーシアの物件はうってつけでしょう。

また、マレーシアとシンガポールは、地震がありません。このため、建築物にも耐震基準がなく、超高層建築物を建てやすいというメリットがあります。１９９８年に完成したペトロナスツインタワーは88階建てで高さ４５２メートル。ほかにも、クアラルンプールには超高層ビルがいくつも建っています。

天井も高く、日本の一般的なマンションが約２・５メートルなのに対して、マレーシアのコンドミニアムは約3・3メートルで、その差は80センチメートルあります。こう言ってもイメージが湧かないかもしれませんが、日本の住居に比べて、とても広く、開放的に感じることは間違いありません。東南アジア屈指の開放感のある住宅のつくりとなっています。

タイやフィリピンよりも経済成長を遂げており、生活レベルが高いにもかかわらず、マレーシアの住宅価格が割安なのは、供給過剰で売れ残っている物件があるためです。新築から9カ月経っても新たに不動産登記されていない物件が、マレーシア全土で約2万5000戸あるといわれています。このため、不動産価格が上がりづらい状況なのです。

ただ、直近のデータを見ると、売れ残っていた新築の物件数は減り始めており、価格の割引率も縮小。中古物件の価格も上がってきています。

コロナで世界的に不動産価格が上がったと先に述べましたが、マレーシアでも同様の動きが出始めており、今が価格のボトム（底）かもしれません。

ビザ「MM2H」の条件変更に注視を！

マレーシアに長期滞在として移住するためには、「マレーシア・マイ・セカンド・ホーム（MM2H）」という長期ビザが必要になります。2021年9月までは、50歳以上の人ならマレーシアの銀行に15万リンギット（450万円前後）の定期預金をすれば、10年間滞在できるビザがもらえ、日本人にも大人気でした。ところが、法律が改正され、定期預金額が100万リンギット（3000万円前後）になっただけでなく、ビザの期間も5年間に短縮されるなど、条件が厳しくなり、残念ながら簡単に取得できるビザではなくなってしまいました。

とはいえ、こうしたMM2Hビザの条件変更に関しては、様々なところで物議をかもしており、「厳しすぎる」という意見も強いことから、今後ゆるめられる可能性もあります。自身のセカンドハウスとして購入する人はもちろん、投資目的であっても、住みたい人の増減に関わる重要なポイントなので、今後の動向に注視しておく必要があるでしょう。

「プログレッシブペイメント」とは？

マレーシアで不動産を購入する際には、「プログレッシブペイメント」という特殊な支払い方法が商慣習として一般的になっています。この方法は、後ほど紹介するドバイやベトナムでも採用されている方法です。

物件を予約して手付金を支払ったあと、基礎工事が終わった段階で、たとえば10％分を支払い、外装工事が終わった段階でまた複数回にわたり約10％ずつを支払い、内装が終わったら複数回にわたり約10％ずつを支払い、建築物が完成したら数十％を支払い、最後に登記まですべて終わった段階で残り全額を支払うという方法です。プログレッシブには「漸進的《ぜんしん》な」という意味がありますが、不動産の工事の進捗に応じて漸進的に順を追って支払いを行っていくのが、プログレッシブペイメントという支払い方法なのです。

資金に余裕がある投資家であれば、プログレッシブペイメントでも特に問題はありませんが、不動産が完成する段階までに購入価格の全額を支払う必要があるため、頭金（手付金）だけ先に支払い、その後、ローンで支払う場合に比べて、支払う金利額が多くなります。このため、ローンを組んで購入する場合は、資金繰り計画などでひと工夫する必要が出てきます。

おすすめの物件購入方法は、不動産価格が上がりそうな希少性のある案件であれば、プレビルドの最初の段階で購入します。一方で、投資効率や居住用として購入するのであれば、竣工直前や竣工しているものを購入することで、支払い資金が寝てしまうことを避けることができます。前述のように、マレーシアは供給過剰で竣工時に完売していることが稀であるため、物件に対してよほどこだわりがなければ、竣工済みのものから検討してみるのが良いでしょう。

さらにマレーシアでは、マレーシアの不動産を担保にローンを組むことができます。これまで紹介した国でいえば、アメリカとフィリピンはその国の不動産を担保に日本人でもローンを組めますが、韓国とカンボジアは組めません。

マレーシアでは、外国人でも、地元のローカル銀行で不動産の価値の約50％の金額までローンを組むことができ、金利は3～4％程度です。日本の不動産を所有している方で、低金利で不動産担保ローンを活用される場合なら、100％フルローンを平均2・5～3

%程度で購入することも可能です。低金利でローンを組めるのは日本人の大きなメリットになりますので、活用しない手はありません。

最悪の被害に遭わないためにやるべきこと

ではなぜ、プログレッシブペイメントが商慣習になっているのでしょうか。

それは、工事を実際に行う建設会社や建築会社、外装工事会社、内装工事会社などが、工事費の支払いのために借入をしたくないからです。

日本はデベロッパーの立場が強いことがほとんどですが、海外はこうした建設会社（ゼネコン）などのほうが立場が強く、日本では完成後に工事費が一括払いされるのに対して、海外では工事が終わるごとに工事費の支払いを求められます。デベロッパーはその支払いのために、購入者に都度、支払いを求めるのです。

日本は、ゼネコンにも資金力があり、完成後の一括払いでも資金繰りに困ることはありませんが、海外では総じて資金力がない会社が多いため、都度払いのプログレッシブペイメントになるのです。

プログレッシブペイメントの怖いところは、7割完成するまで支払ったはいいけれども、その後、工事が止まってしまい、いつまで経っても完成しないケースが稀に起こり得ることです。

工事が止まる理由は様々ですが、どこかの資金供給が止まると、工事全体が止まることがあります。もしその不動産の購入者が、完成しないからとゼネコンに返金を求めても、支払った金額が全額返ってくることはありません。私が知る限りでは、戻ってきたとしても1割程度。1000万円支払って、100万円程度ということです。また、完成していないので、当然、不動産の所有権もありません。建設中は資材なども含めて不動産の所有権はすべてゼネコンにあります。

こうした最悪の被害に遭わないためには、その不動産の開発会社であるデベロッパーがどういった企業なのかを見極める必要があります。一般的には、財閥系やローカル大手の企業であれば、価格は上がりますが、その分品質は高く、リスクも低いといえます。一方で、中華系のデベロッパーや、まだ数物件しか建物を竣工させたことがない新興系、あるいは不動産会社ではない金融系などの不動産開発会社が行う案件については、相当注意を払う必要があります。

こうしたデベロッパーの信頼度の判断などに限らず、不動産取引において自分自身で判断がつかないことがあれば、日本の不動産会社（エージェント）に納得がいくまで質問することも重要です。安くはない買い物をするわけですから、リスクも含めてきちんと理解してから契約することが何よりも大切になります。

マレーシアの注目物件

マレーシアでおすすめしたいのは、やはりクアラルンプールで現在最も注目を浴びている「ＴＲＸレジデンス」です。本プロジェクトは、オーストラリアの大手開発会社であるレンドリース社による開発です。レンドリース社はシドニーのオペラハウスをはじめ、ニューヨークの９・１１メモリアルなどのプロジェクトを担当している世界有数のデベロッパーです。

アイコニックな１０６階建てのオフィスタワーをはじめ、商業施設部分には西武グループが運営するモールが入ります。その都市開発のタワーコンドミニアムが、ＴＲＸレジデンスです。証券取引所も含めた金融系のオフィスがＴＲＸに多く移転されることを考えると、外国人駐在員や外資系の金融機関などで働くオフィスワーカーにとっても、ＴＲＸレジデンスは魅力的な住宅といえるでしょう。

また、世界遺産を有するペナン島やマラッカ、大自然とビーチがあるランカウイ島など、マレーシアの豊富な観光リゾート資源については先述した通りですが、投資と自己利用を組み合わせたい欲張りなニーズには、リゾート型のホテル・コンドミニアムやバケーションレンタルプログラム付きのレジデンスが人気です。

そんなリゾートエリアにも注目の物件があります。たとえば「LAVANYA レジデンス」の「VOGUE SUITES」は、ランカウイ島の有名なパンタイチェナンビーチや繁華街にほど近いながら、喧騒とは無縁の環境にあります。物件も２０００万円を切る価格帯から購入でき、10年間のレンタルプログラムでは、オーナーに代わって賃貸を管理してくれます。はじめの３年間は７％の利回り保証があり、さらに年間７泊分の無料宿泊もできるため、投資と自己利用のハイブリッドとして運用が可能です。

物件名：TRXレジデンス
場所：クアラルンプール国際金融特区TRX
広さ：44～152㎡
参考ユニット：タワーB49階　44.03u　RM1,155,000（約3,465万円）

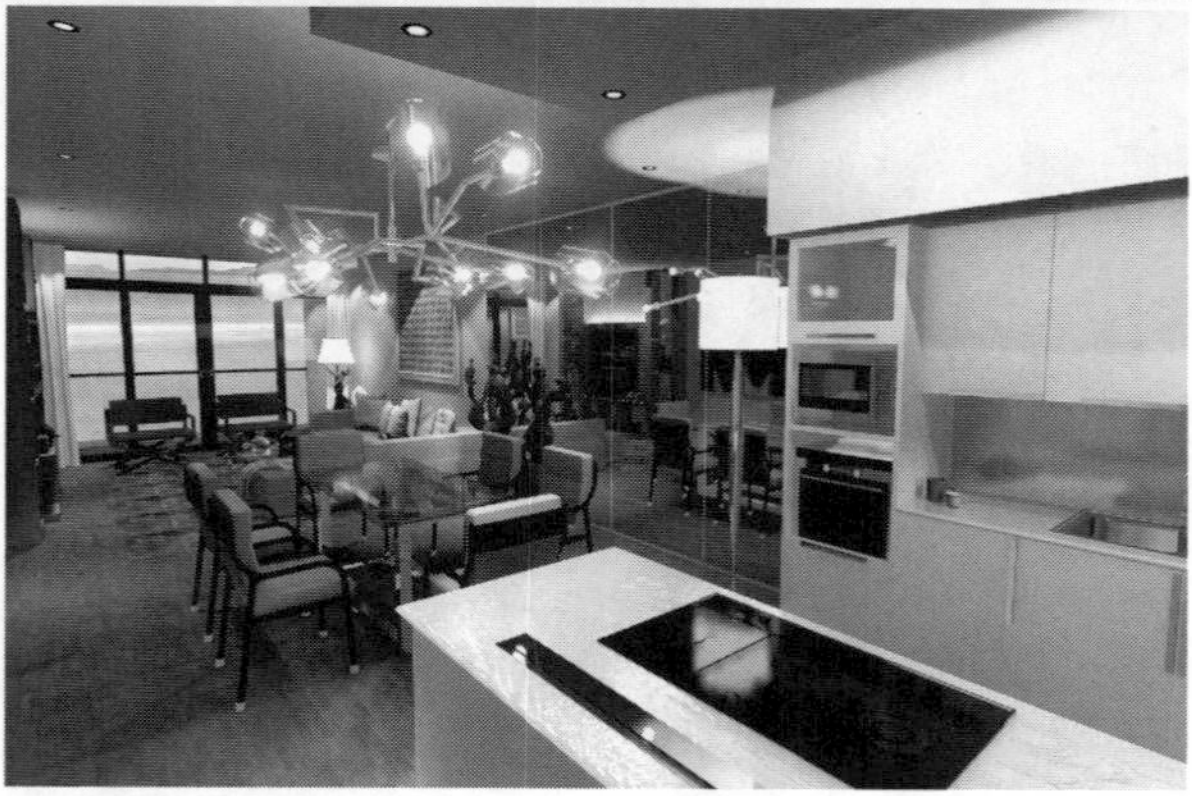

物件名：LAVANYA レジデンス　VOGUE SUITES
場所：ランカウイ
広さ：約45～99㎡
参考ユニット：SS1（45㎡）　RM628,000（約1,884万円）～　１台分の駐車場　家具、家電付き　10年間の賃貸プログラム　表面利回り７％の３年間保証・年間７日間の無料宿泊券付き
※１RM ＝30円

Chapter 7

【投資先有力候補6】タイ王国

日本人に人気の観光大国攻略のカギは日系デベロッパー探し

基本データ

国名：タイ王国
首都：バンコク
人口：約7160万人（2021年）
通貨：タイ・バーツ
言語：タイ語
政治体制：立憲君主制
日本からの飛行時間：約6時間30分
GDP成長予測：3.45%（2023〜27年の平均）
人口増減予測：マイナス約370万人（2050年までに）
都市人口率：52%

不動産関連データ

外国人不動産所有：コンドミニアムのみ可能
移住人気ランキング：2位
不動産価格上昇率（年）：5.80%（バンコク）
平均利回り（年）：約5%（バンコク）

人口のピークが迫るが、経済は成長中

タイといえば、首都バンコクの寺院をはじめ、ビーチが美しいプーケット島など、数々の観光地があることで有名です。実際、ＧＤＰの約12％を観光業が占めています。最大の主力産業は、ＧＤＰの約30％を占める製造業です。

新型コロナウイルス感染症の感染拡大によって観光業が大打撃を受けたこともあり、ＧＤＰの推移を見ると、２０２０年に約５０００億ドルまで下がり、経済成長率はマイナス６％を超えました。

その後、コロナの影響が弱まるにつれて観光客が戻り、経済も回復しつつあります。23年以降は、コロナ前と同様の２～４％台の経済成長が見込まれています。

人口は、約７１６０万人（２０２１年）。ただ、人口成長率は１％を切っており、まだ減り始めてはいませんが、微増にとどまっています。タイ政府によれば、人口のピークは28年で、29年からは減少に転じるという見通しを示しています。

人口ピラミッドを見ると、日本の約30年前とそっくりです。したがって、人口が減り始

図表7-1 タイのGDP推移

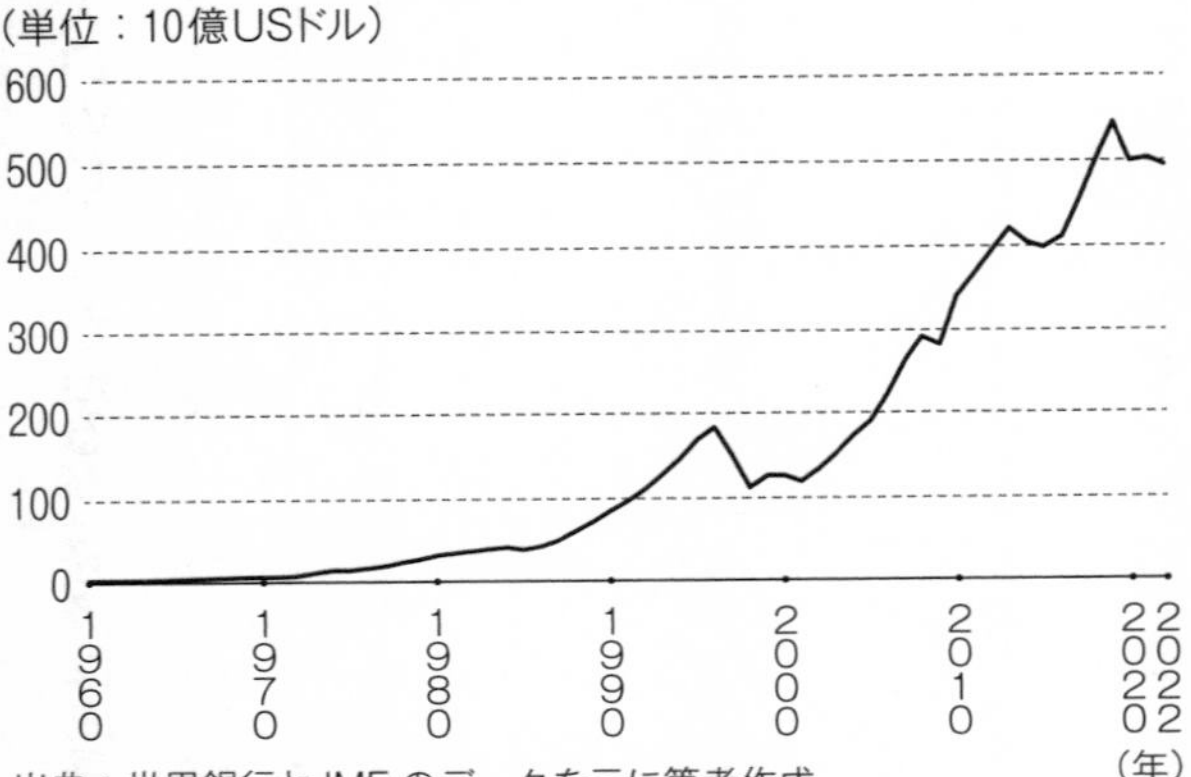

出典：世界銀行と IMF のデータを元に筆者作成

図表7-2 タイの人口推移予測

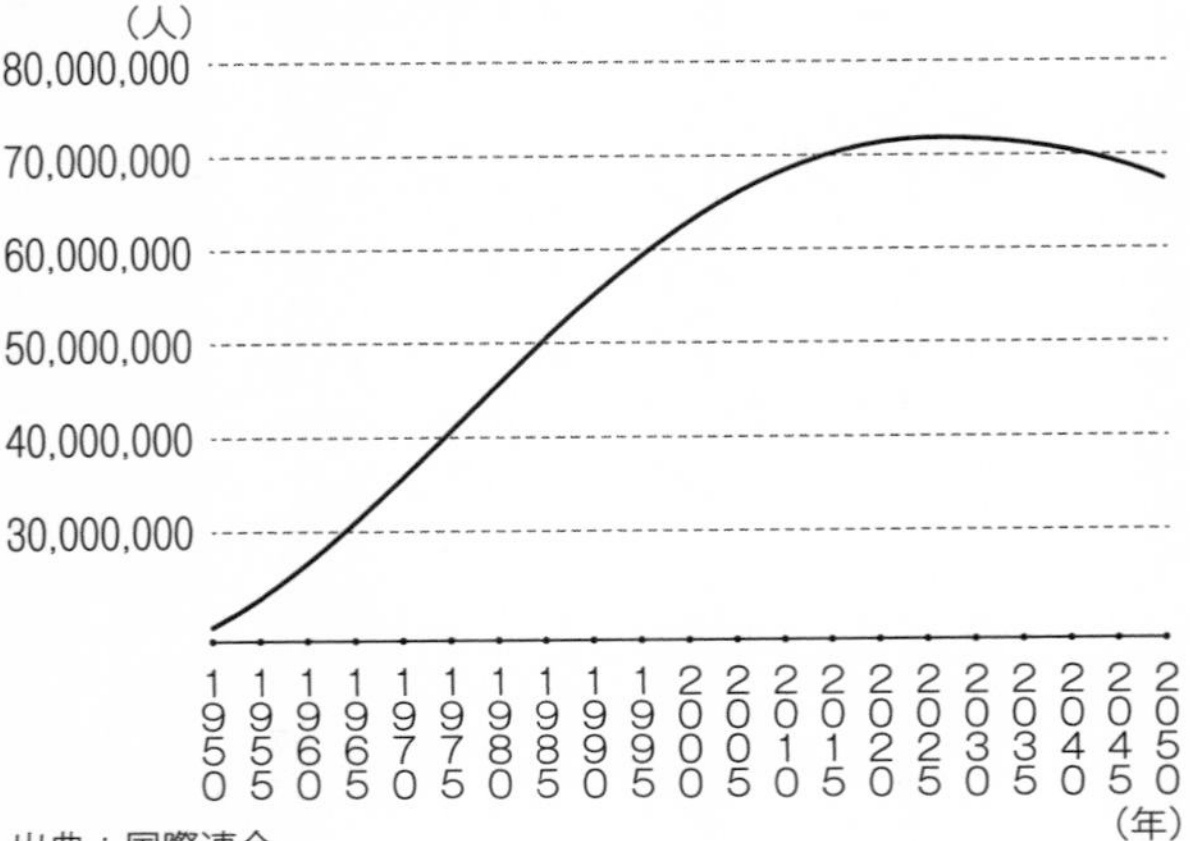

出典：国際連合

める29年以降は、日本同様、少子・高齢化が急速に進むことになるでしょう。

観光業が強かったがゆえに、製造業がそれほど大きく伸びず、中所得国の罠に完全にはまってしまった、「人口増加時期に先進国になれなかった国」という少し残念な評価がなされています。

タイは女性が多く、それは、性転換する男性が多いためです。そのせいか結婚率も低く、子どもが生まれないため、少子化に拍車をかけているといわれています。

政治は、国王を国家元首とする立憲君主制です。現在は軍事政権ですが、それほど頻繁にクーデターが起きるわけではありません。

ただ、法律や制度があまり整っておらず、不動産の制度を見ても、あるべき法律などがありません。宅地建物取引に関する制度も、仲介業者のためのライセンス制度もない、税制度も不備が多く、最近まで固定資産税もありませんでした。ただし、2020年からは、土地建物税という名称で徴税が始まっています。

これは私見ですが、優秀なタイ人は、財界で活躍することが多く、政治家や官僚にあまりなりたがりません。それに加えて軍事政権であることもあって、国の根幹を支える法律

図表7-3 タイ・バーツの為替推移［THB／JPY］

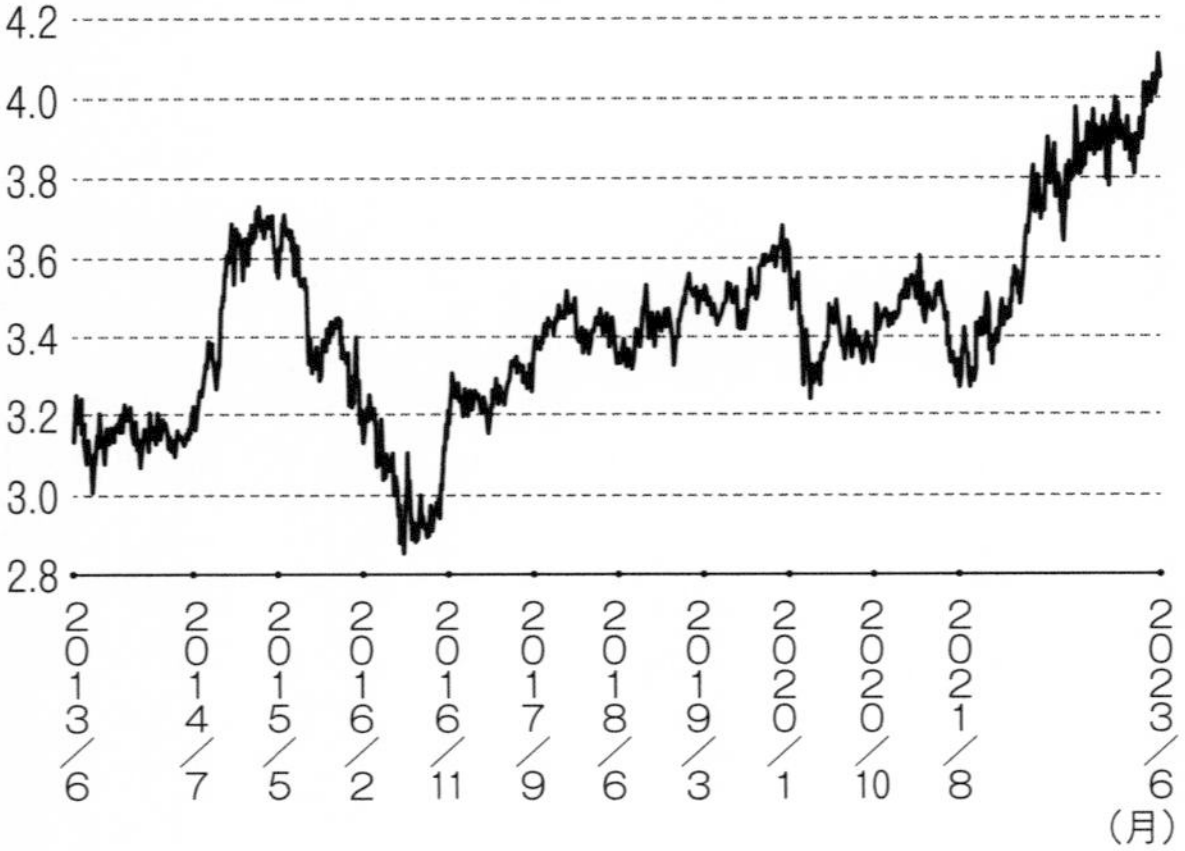

や税制などの制度設計がままならず、いまだに完備されない不十分な状態を生み出しているのではないでしょうか。

自由を重んじる民主的な国ではありますが、政治力や行政力が弱いために、経済成長を含めた国家の発展が損なわれてしまった面があるように思います。

通貨はタイ・バーツですが、過去10年間の対日本円の為替レートの推移を見るとわかる通り、タイ・バーツのほうが少しずつ強くなっています。

タイも、1997年のアジア通貨危機以降は、外貨準備を十分にしているため、通貨の切り下げなどは行われていません。為替リスクは大きくなく、安定的だといえるでしょう。

バンコク中心部の不動産価格は高騰

タイで外国人が購入できる不動産はコンドミニアムのみで、土地を直接購入して所有することはできません。コンドミニアムも、外国人が1つの建物で所有できるのは、49％までという規制があります。

企業法人にも、外資が出資できるのは49％までで、地元のローカル資本が51％以上のマジョリティになるよう、外資規制があります。不動産もこれにならった外資規制となっています。

タイの不動産取引の特色としては、日本と同様に不動産の権利書がすぐに出てきます。フィリピン、マレーシア、ベトナムなどは、なかなか出てきませんが、タイでは、建物の引き渡しと同時に、不動産の権利書を紙で受け取ることができます。

前述した通り、不動産仲介業者のライセンスがないため、現地の不動産会社（エージェント）の質はピンキリです。なかには悪徳業者もいますので、そこを見極めなくてはなり

図表7-4 タイ・バンコクの不動産価格推移

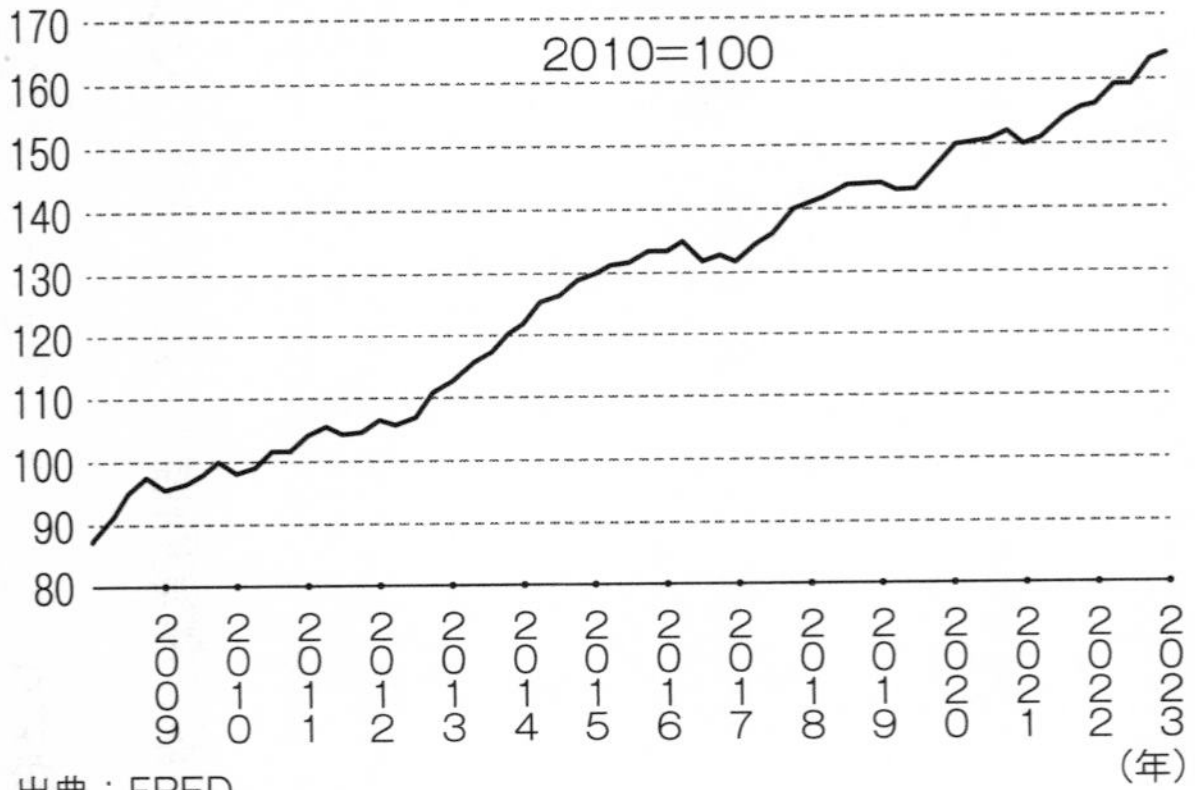

出典：FRED

ません。

たとえば、リマックス（RE／MAX）は、世界的な不動産エージェント企業で、日本にもあり、タイにもあります。こうしたブランド力のある企業に属しているエージェントを選択するのも一つの手ですが、日本に拠点がある不動産会社のほうが安心感があり、それらを選択する方が多いようです。エージェント選びは取引の安全性を担保する最も大事な事項です。

タイの不動産価格の推移をFREDで見てみると、順調に右肩上がりに価格が上がっています。ただ、マレーシア同様、やや供給過剰なエリアがあることも事実です。

バンコクの中心部では、外国人向けの不動産がいくつも建設されましたが、それが外国人でも買えないほど高額であったため、売れ残っています。また、高島屋が開発した百貨店に隣接するタワーマンションでは、スリーベッドルーム・100平米で2億円ぐらいの販売価格になっています。バンコクの中心部で1億円を切る新築物件となると、ワンベッドルーム・45平米で6000万円といった物件になります。

バンコクの新聞「バンコクポスト」は、過剰供給と価格高騰によって、バンコク内には約10万戸の新築空き物件があると報じました。タイの不動産価格は、ほかの東南アジア諸国と比べると、マレーシアよりも圧倒的に高く、シンガポールに次いで高いというのが現状です。

ただ、マレーシア同様に、物件によっては大幅なディスカウントを引き出せる案件もありますので、売れ残り物件だから、単価が高いからといって諦めず、粘り強く交渉することをおすすめします。

トンロー駅周辺が日本人の居住エリア

タイには、約7万人の日本人が住んでおり、コロナ禍でもその数は減りませんでした。その理由は、日本人から根強い人気があることはもちろん、日本企業にとってタイは、東南アジアにおける非常に重要な拠点であり、駐在員を減らすことができなかったためです。生産拠点や物流拠点などの現場に派遣されている日本人は、簡単に日本に戻ることができないのです。

こうしたこともあって、タイでは、日本企業の進出も、日本人の居住者数も増えています。

では、日本人はタイのどこに住んでいるのかというと、一番はやはりバンコクです。バンコクの不動産を購入する日本人は多く、特に人気が高いのは、スクンビット通りエリア、チャオプラヤー川のリバーサイドエリア、シーロム通りエリアの3つです。

スクンビット通りは、いわば目抜き通りで、この通りの上をBTS、通称「スカイトレイン」と呼ばれるモノレールが走っています。地下鉄はMRT、空港と市街をつなぐ鉄道はARL（エアポートレールリンク）と呼ばれています。

このモノレールと地下鉄が交差する地点がアソーク駅で、スクンビット通りの中心に位置します。アソーク駅から東に2つ行ったトンロー駅付近には、単身世帯、家族世帯にかかわらず多くの日本人が居住しています。日本食のレストランや日本人向けの店も多くあり、日本語が通じる病院なども集まっています。

トンロー駅から徒歩5分圏内の不動産価格は、先ほど述べたようなワンベッドルームでも6000万円以上、ツーベッド、スリーベッドなら1億円以上になります。日本の坪単価でいえば、坪400万円ぐらいです。

このようにバンコクの中心部の不動産は高騰しているため、現在は買うよりも借りるほうが賢明です。高価格の物件を買ったとしても、利回りは2・5％程度にしかなりません。販売価格に比べて、賃料の相場がそれほど上がっていないからです。

バンコクの中心を流れるチャオプラヤー川のリバーサイドも人気エリアです。

このエリアには、「ホテル・ブランデッド・レジデンス」という、フォーシーズンズホテルなどの5つ星ホテルに高級マンション（レジデンス）が併設された物件があります。

先ほど、髙島屋の百貨店に併設したレジデンスについて触れましたが、これもその一種です。リタイアした富裕層がこうした物件をセカンドハウスとして購入することもあります。

シーロム通りは、「バンコクのウォール街」と呼ばれる金融機関が集まるエリアです。昼はビジネス街ですが、夜は繁華街になります。また、ここもモノレールと地下鉄が交差するエリアであるため、交通の利便性が高く、不動産も人気があります。

バンコク以外では、美しいビーチがあるリゾート地、パタヤやプーケットなども不動産投資の候補地となるでしょう。

公共交通機関の延伸に沿って投資エリアを選択

不動産の購入方法は日本と同様に、手付金と残金を支払う方法が一般的です。手付金と残金の割合は、10%と90%のケースもありますが、20%と80%がほとんどです。日本人が買う場合には、契約書を英語にしてくれます。

タイには、多くの日系企業がデベロッパーとして進出しているため、東南アジア諸国のなかでは、日本の資本が入っているプロジェクトを見つけるのも容易です。三井関係と、三菱関係だけでも、過去20年で約50棟が建設されているはずですので、中古物件も数多くあります。日系企業が関係した不動産を購入できるという点では、東南アジアで最も安心感が得られるのがタイだといえるかもしれません。

これから不動産投資を行うのに有望なエリアは、公共交通機関が延伸されるエリアです。タイやマレーシアは、公共交通機関の延伸計画が明確に提示されているため、それとともに、沿線エリアの不動産開発も進みます。

マレーシアはクアラルンプールの中心部でも車が渋滞することがほとんどないので、車移動が中心の車社会ですが、タイのバンコク中心部は車の渋滞がひどく、動かないときは何十分待っても数メートルしか動きません。このため、バンコク中心部では電車移動が必要不可欠となっています。また、バンコクは1年を通じて30度を超えるような日が続く気候のため、少しでも涼しい電車での移動が好まれることもあり、電車の駅周辺の物件は住宅地としても人気があります。

これらを踏まえると、公共交通機関の延伸計画があるエリアは、不動産価格の上昇が見込めるのです。しかも、新駅・新線の開業前であれば、1000万円程度から物件を探すことができますので、不動産投資をこれから始める初心者にも魅力的だと考えられます。

タイの注目物件

マレーシアと同様に観光資源が豊富なタイでは、リゾートエリアのホテル・コンドミニアムやリゾート・コンドミニアムが投資の選択肢に挙がります。一方で、すでに完成している新築未入居の物件もあるため、ここではリスクが少ない竣工済みの物件を紹介したいと思います。

タイの財閥の一つであるCPグループの不動産会社、MQDC社の物件は、首都バンコクにおいて、日本人が満足して居住できる物件としておすすめです。MQDC社は、チャオプラヤー川沿いの髙島屋及び併設のタワーコンドミニアムを開発した企業です。そのなかで注目すべきは、日本人居住区のトンローに位置する、高層高級コンドミニアム「The Strand Thonglor」です。スクンビット通りからトンロー通りに入ってすぐの好立地であり、トンロー駅からも2分程度の距離に位置していながら、エントランスがトンロー通りから少し奥に入ったところに設けられているため、交通量の多い都心部の騒がしさが軽減されています。特徴的な高級感のある外観に、クオリティの高い内装が、信頼あるMQDC社の高級物件開発の特徴です。

また、バンコクの中心部及び主要駅の近くには5000万円を切る物件が少ないため、今後、発展が期待される郊外を狙う場合は、大規模都市開発案件も選択肢となります。

MQDC社は、少し都心から離れた戦略的なエリア開発として、バンナー地区の「The Forestias」と呼ばれるプロジェクトも手がけています。64ヘクタールの敷地には、5ヘクタール弱の森林があり、そこに立つ「Whizdom」と呼ばれる3棟の高層コンドミニアムが販売されています。都心から離れてはいても、スワンナプーム国際空港へのアクセスが良好で、車で20分程度の距離にあります。

3棟のうち1棟はペットフレンドリーで、犬などのペットを飼うことが可能です。これは東南アジアのコンドミニアムでは非常に珍しいことです。

敷地内には1ユニット5億円を超える高級ヴィラも建設されており、ローカルの富裕層に人気があります。

外国人が投資用に購入するには、30～80平米のコンドミニアムが、賃貸にもリタイア後のニーズにも適しているでしょう。

物件名：The Strand Thonglor
場所：バンコクトンロー
広さ：約50㎡〜
参考ユニット：36階-22　50.91㎡　THB17,560,507
（約7,000万円）

物件名：Forestias Whizdom
場所：バンコクバンナー
広さ：約30㎡～
参考ユニット：約40㎡　THB6,500,000（約2,600万円）
※1 THB ＝ 4円

Chapter

8

【投資先有力候補7】ドバイ首長国（アラブ首長国連邦）

人口の9割が外国人。
世界の富裕層に大人気の
金融都市

基本データ

国名：アラブ首長国連邦（UAE）
首都：アブダビ
人口：約940万人（2021年）
通貨：アラブ首長国連邦・ディルハム
言語：アラビア語
政治体制：７首長国による連邦制
日本からの飛行時間：約12時間（ドバイ）
GDP成長予測：4.00%（2023～27年の平均）
人口増減予測：プラス約210万人（2050年までに）
都市人口率：87%

不動産関連データ

外国人不動産所有：一部のエリアで購入可能
移住人気ランキング：ー
不動産価格上昇率（年）：88.80%（ドバイ）
平均利回り（年）：5.63%（アラブ首長国連邦）

中東の金融都市には多数の外国人が居住

ドバイは、アラブ首長国連邦（UAE）の首長国の一つで、近年、様々な面で世界から注目されています。不動産投資先としても多様な魅力があり、一言で言えば、超人気エリアです。

アラブ首長国連邦の首都はアブダビで、ドバイはアブダビの北東に位置しています。アラブ首長国連邦は産油国ですが、アブダビでは石油、天然ガスとも産出されません。

ドバイの人口は、2010年に約190万人だったのが、20年には約340万人にまで増えています。成長率は年5～10%という驚異的な伸び率で、10年間で1・79倍にもなっています。

これほど急増しているのは、様々な国から外国人が流入してきているからで、人口の9割以上が外国人という国際都市です。最も多いのがアラブ人ではなくインド人というのも、日本人からすると、ちょっとした驚きではないでしょうか。

また、ドバイ政府によれば、40年には人口が580万人に到達すると予測されています

図表8-1 アラブ首長国連邦の人口推移予測

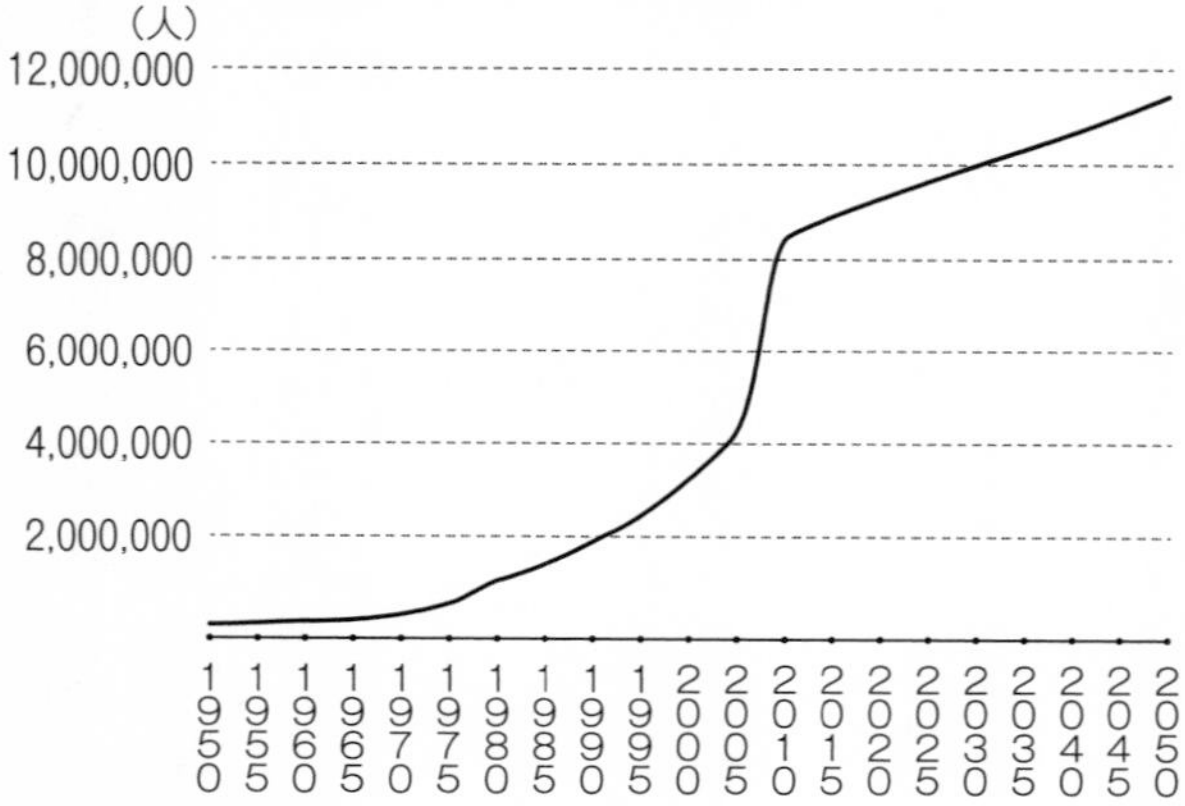

出典：国際連合

（ＪＣＭＥ）。今後も急激な人口増が継続し、それにともなって経済も成長していくことが見込まれています。前述の通り、海外不動産投資で確認する最も重要な指標は人口ですから、そういう意味でドバイは、不動産投資を行うには有望といえます。

アラブ首長国連邦には、７つの首長国がありますが、ドバイはそのなかでイスラム教の戒律が最もゆるい国です。飲酒も豚肉料理も禁止されていません。

個人に対する所得税がないなど、税制面でも規制が少なく、そのため中東を代表する金融都市として発展しています。シンガポールも世界的に同様のポジションで発展してきましたが、私の知る限り、ドバイはシンガポールよりもあらゆる面で規制が少ない国だと感じます。逆に、シンガポールや香港が外国人や企業の進出についての規制を強めているため、ドバイは世界のビジネスオーナーに対して強い求心力があるのです。

たとえば、ドバイでは会社を設立するのも簡単ですし、設立後に自分のためにビザを発行することや銀行口座の開設も簡単にできます（現状、シンガポールや香港では法人設立後の口座開設が非常に難しくなっています）。

コロナ禍においても、ワクチン接種を入国の条件としておらず、ノーチェックで誰でも入国できました。また、日本と犯罪人引き渡し条約が結ばれていないことは、昨今のニュースなどで知っている方も多いかもしれませんが、こうした面でも規制が少ないため、脱税をはじめとする経済犯など、やや後ろめたい人たちが集まる国というイメージがあるのも事実です。

「ドバイ・ショック」で暴落後、なぜ今、上昇に転じているのか？

ドバイが世界的に注目された事象として「ドバイ・ショック」があります。

図表8-2 ドバイの不動産価格推移

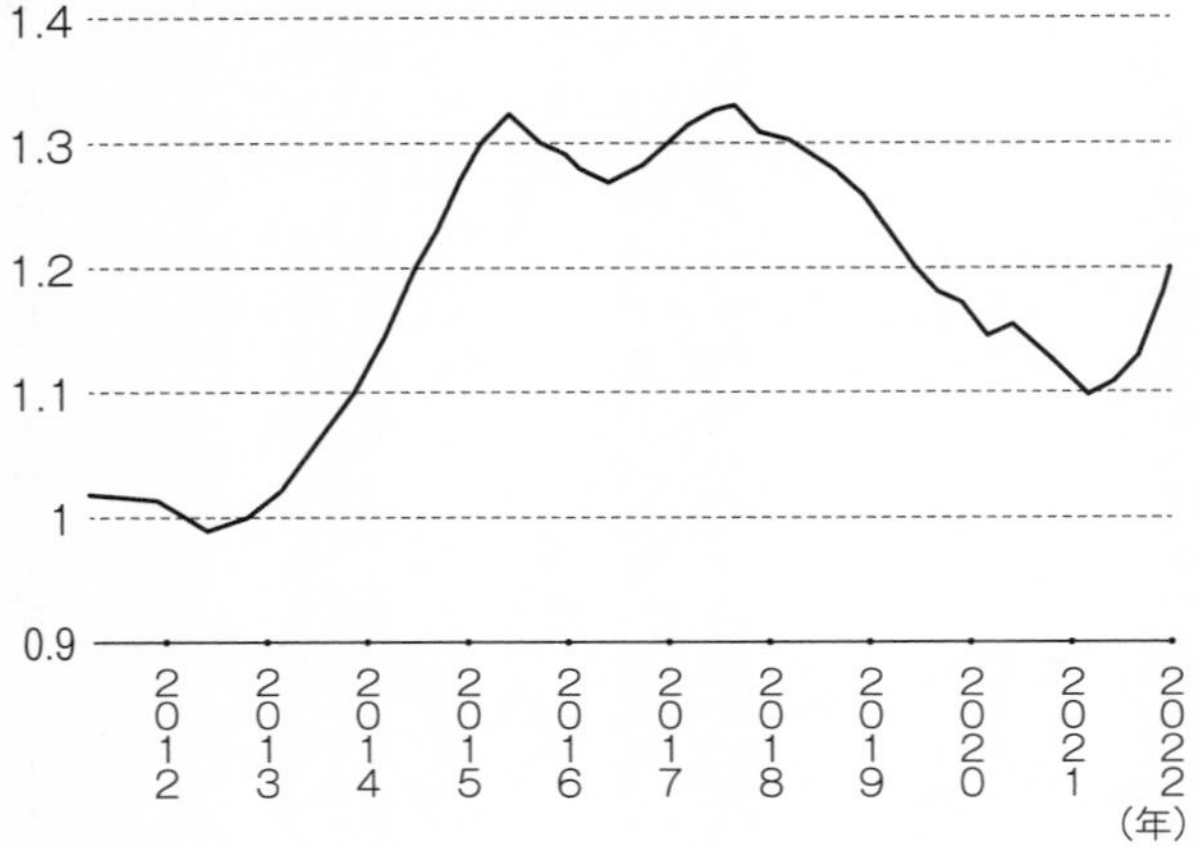

ドバイ・ショックは、２００８年のリーマン・ショック以後の信用収縮でドバイ経済が衰退するのではないかという疑念が起こり、それを払拭するための資金調達を発表した矢先に、債務の繰り延べ要請が発表されたことで起きました。

これによりドバイの不動産価格は暴落し、その後の数年間は安価なままでした。ところが、２０２２年にロシアがウクライナに侵攻したことで、ロシアマネーが世界で行き場を失い、ロシアに対して何の規制も行わなかったドバイが大量のロシアマネーの逃避先となりました。ドバイに大量のロシアマネーが流入し、再び不動産価格が急上昇したのです。

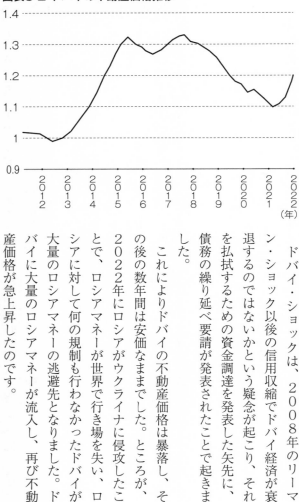

こうした不動産価格の上昇を受けて、世界の投資家が購入に動いたため、さらに価格は上昇、日本でもドバイの不動産を購入する人が急増しました。ドバイの不動産は世界的に人気が高まっており、世界の富裕層が購入を検討しています。それとともに、不動産価格は現在、右肩上がりで上昇しているのです。

危機に弱いが5％前後の経済成長力あり

通貨はディルハムで、日本では、この通貨名を聞いたことすらない人が大半でしょう。対日本円の為替レートの推移を見ると、２０２１年ぐらいから円安ディルハム高になり、ほぼ米ドルと連動しています、22年にはその傾向が急激に進んでいて、その理由も、先ほど述べたロシアマネーの流入が原因と考えられます。

とは言っても、１ディルハム30円前後から40円前後までの上昇なので、変動幅としては30％程度です。今後価格の上下動が落ち着いてくれれば、安定的に推移していくと予想されています。

アラブ首長国連邦のＧＤＰの推移を見ると、２０１３年に４０００億ドルに到達してから足踏み状態が続き、20年にコロナの影響もあって下がりましたが、22年は５０００億ドルにまで成長しています。

成長率を見ても、16年までは５％前後の成長が続き、その後、鈍化。20年にマイナス約５％になりましたが、22年は７％以上の成長率に戻っています。

リーマン・ショック後の09年もマイナス５％程度の成長率だったことを考え合わせると、金融危機やコロナ危機など、世界的な危機が起きると一時的に経済成長がマイナスに転じますが、基本的には５％前後の経済成長が期待できる国だといえるのではないでしょうか。

ドバイの主要産業は金融業で、観光業にも力を入れています。

ブルジュ・ハリファは世界一高い建築物として知られ、最上階は２０６階、８２８メートルの高層ビルは、１２４階と１４８階にオープンデッキがあり、人気の観光スポットになっています。

高級プライベートリゾートとして有名なパーム・ジュメイラは、世界最大の人口島です。椰子の木の形をしたこの島の写真は、多くの人が目にしたことがあると思います。

図表8-3 アラブ首長国連邦・ディルハムの為替推移[AED／JPY]

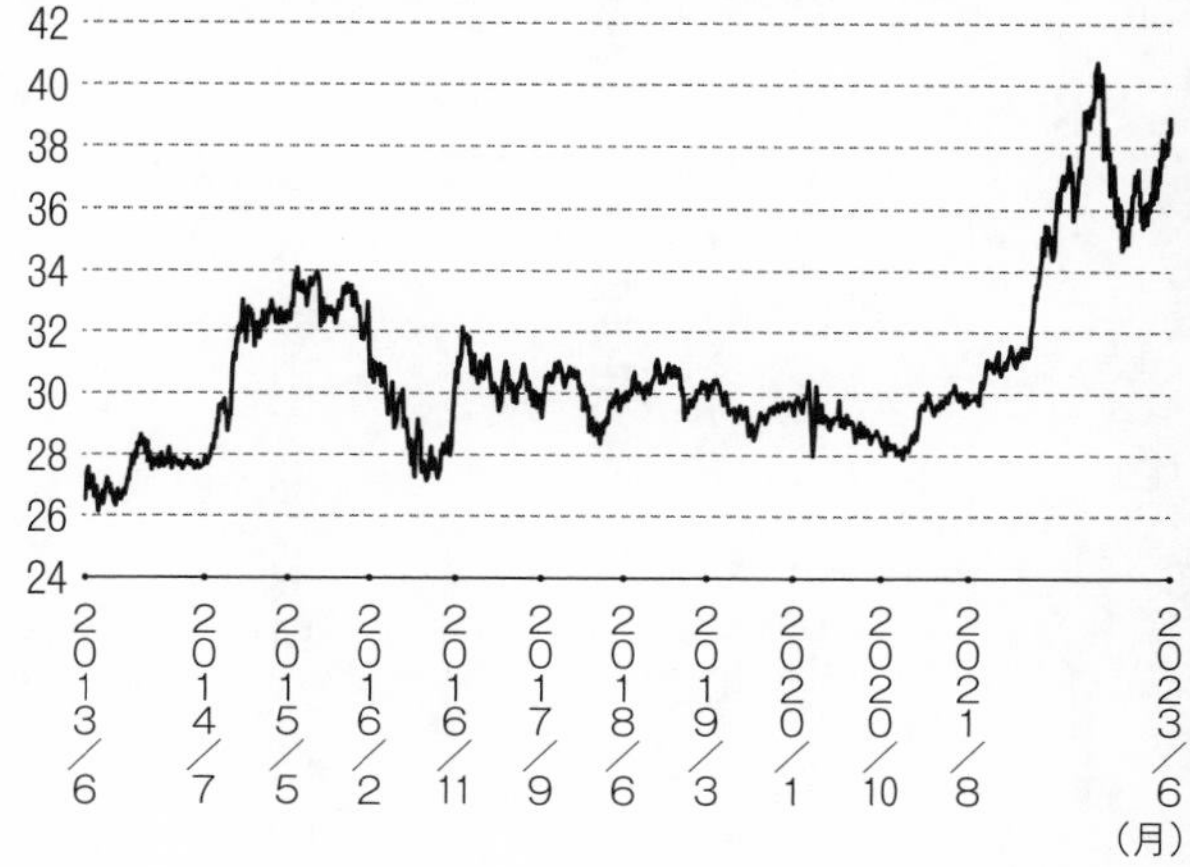

図表8-4 アラブ首長国連邦のGDP推移

（単位：10億USドル）

出典：世界銀行と IMF のデータを元に筆者作成

また、ドバイ国際空港は世界的なハブ空港として有名で、エミレーツ航空の本拠地です。エミレーツ航空は、シンガポール航空と並んで世界二大ラグジュアリー航空会社といわれています。

日本からも、成田空港、羽田空港、関西空港それぞれドバイへの直行便が飛んでいます。

こうした点でも、ドバイが「中東のシンガポール」を目指していることが窺えます。

不動産売却益も税金ゼロ？

不動産取引に関しては、ＶＡＴ（付加価値税）という消費税が５％かかるのみで、不動産取得税や印紙税などはかかりません。不動産を売却した際に得られるキャピタルゲインにも課税されません。

世界の富裕層がこぞってドバイ不動産を購入している理由はこの税金の安さにあります。日本人が移住先としてドバイを検討する大きな要因の一つも税金です。また賃貸時の利回りも他の先進国と比較して高く、６～７％程度が期待できます。

ただし、外国人が購入できる不動産はフリーホールドエリア（「フリーホールド」とは自由土地保有権のことで、オーナーは永久的に不動産を所有することができる）のみで、具体的には、ダウンタウンドバイ、ドバイマリーナ、パーム・ジュメイラなどです。

また、不動産を購入した外国人がもらえるビザがあり、約８０００万円の不動産を購入すると、その物件の引き渡し後に10年間のビザがもらえます。５年間や２年間のビザもあり、それぞれ条件は変わります。

これら不動産の契約などに関しては、すべて英語で行われますが、日本人が在籍するエージェントもありますので、信頼できるエージェントを探して進めるのが安心です。

プレビルドはフリップで利益を得る

ドバイの不動産の買い方は少し独特です。プレビルドを購入する場合は、竣工までに不動産価格の60～80％の支払いを段階的にする必要があり、鍵の引き渡し時に残額を支払います。40％以上の支払いを実行していると、竣工前転売（フリップ、222ページ参照）が可能となります。不動産価格が堅調に上昇していれば、全額を支払っていない状況でも転売してキャピタルゲインを得ることができるため、フリップで利益確定をした投資家も多いと聞きます。

プレビルドでも竣工までの支払金額が他国より多額になるため、投資効率を向上するには中古不動産を検討しても良いでしょう。中古不動産は契約時に20％程度を支払い、その後、引渡し時に残りの80％を支払います。

ＪＬＬが公表している「グローバル不動産透明度インデックス」で、アラブ首長国連邦は透明性が向上した国として挙げられています。情報や取引システムの整流化も寄与して、不動産取引が活発になりました。このインデックスは、透明性が高まってくる国の不動産は価格が上昇していくとのレポートもあり、ドバイはまさにその典型ともいえます。

後述する大手デベロッパーのエマール社のプロジェクトを扱う、現地大手のエージェンシーであるＤＲＩＶＥＮ社のパートナー、フセイン氏は、「ドバイには世界から多くの人が不動産と移住（ビザ）を目的として訪れている。日本人コミュニティも強固になりつつあり、シンガポールに代わる富裕層の移住先としてドバイが選ばれていると感じる」と述べています。

ドバイの注目物件

まず注目すべきは、中東最大かつ政府系のデベロッパーであるエマール・プロパティーズが手がけるプロジェクトです。ドバイマリーナやブルジュ・ハリファもこのエマール社が開発したプロジェクトで、抜群のブランド力を誇り、そのために購入後も価格が安定すると考えられます。ダウンタウン地区からドバイマリーナ地区まで、多数のプロジェクトを手がけています。

１９７０年代にオマーンで創業したＳＯＢＨＡグループも、ドバイに参入して住宅開発をしている大手デベロッパーの一つです。日本の投資家にも定期的に物件の紹介をしているので、ご存じの方もいらっしゃるかもしれません。

ドバイのなかでも、人口が増えて街が広がることが見込まれるエリアに新築の大規模開発をしています。具体的には「SOBHA Hartland」と呼ばれる街区で、東京ドーム約15個分の敷地面積に、コンドミニアムをはじめとして、高級ヴィラ、マリーナなどのタウンシップ型の開発をしています。

現在は、1街区がほぼ完売し、2街区の販売を行っています。人口マリーナを囲むように高級ヴィラ、11棟からなる高層コンドミニアムが立てられ、その高層コンドミニアムの一つ「330 Riverside Crescent」は、投資家向けのユニット構成となっています。ワンベッドルームとツーベッドルームが中心で、価格は約6000万円からです。

物件名：330 Riverside Crescent
場所：ソバ・ハートランドⅡ
広さ：約70㎡～
参考ユニット：約68㎡　DH1,572,000（約5,900万円）
※1DH=38円

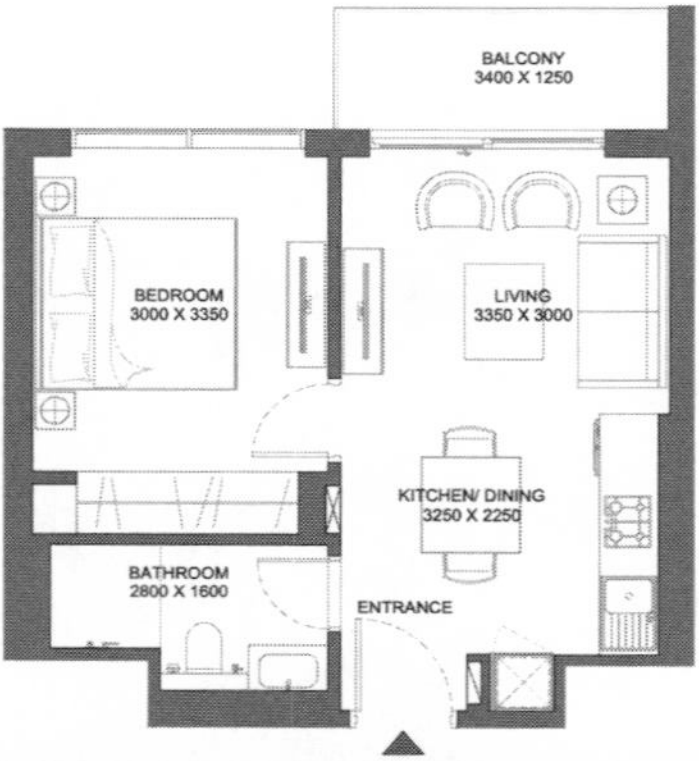
BALCONY
3400 X 1250
BEDROOM
3000 X 3350
LIVING
3350 X 3000
KITCHEN/ DINING
3250 X 2250
BATHROOM
2800 X 1600
ENTRANCE

330 RIVERSIDE CRESCENT
*Artist's Impres

Chapter

9

【投資先有力候補8】ベトナム社会主義共和国

不動産所有のハードルは高いが大きなリターンが期待できる玄人向け投資先

基本データ

国名：ベトナム社会主義共和国
首都：ハノイ
人口：約9750万人（2021年）
通貨：ベトナム・ドン
言語：ベトナム語
政治体制：社会主義共和制
日本からの飛行時間：約５時間（ハノイ）
GDP成長予測：6.55％（2023～27年の平均）
人口増減予測：プラス約950万人（2050年までに）
都市人口率：38％

不動産関連データ

外国人不動産所有：コンドミニアムのみ可能
移住人気ランキング：８位
不動産価格上昇率（年）：9.30％（ハノイ）、4.31％（ホーチミン）
平均利回り（年）：４～７％（ハノイ）、2.6～6.3％（ホーチミン）

コロナ後の経済成長率は8％と絶好調

ベトナムは、今回紹介している8カ国の中で唯一の社会主義国で、ベトナム共産党が一党独裁体制を敷いています。同じく共産党の一党独裁である中国と国境を接している点は、この国の強みといえるでしょう。なぜなら、経済発展の著しい中国から、人材、物資、資金などが流れ込みやすいからです。

南北に長いのもベトナムの特徴で、北部に首都ハノイがあり、南部に第二の都市ホーチミン（旧サイゴン）があります。東側の海岸線は3444キロメートルに及び、美しいビーチもあります。政治の中心地がハノイであるのに対して、商業の中心地はホーチミンです。人口や企業数もホーチミンのほうが多くなっています。

ベトナム全体の人口は約9750万人（2021年）で、人口成長率は年々下がって1％を切っていますが、まだ増加傾向にあります。25年には1億人を突破する見込みで、50年頃には1億1000万人に達すると予測されています。

GDPの推移を見ると、右肩上がりに順調に成長していることがわかります。22年には名目GDPが４０００億ドルを超えました。

経済成長率は、コロナ前の２０１０年代は５～７％台で、コロナ禍の20年、21年こそ２％台に下がりましたが、22年には約８％になり、強い経済回復力を示しています（IMF）。

こうした経済成長を実現するきっかけとなったのが、１９８６年の「ドイモイ政策」です。ドイモイとは「刷新」を意味し、この政策によってベトナムは市場経済へ移行し、外資規制なども緩和しました。

日本企業もドイモイ政策以降、主にホーチミンに数多く進出しました。これに対して、主にハノイに進出したのが韓国企業であり、そのため、ホーチミンには日系企業が多く、ハノイには韓国系企業が多くなっています。なお、中国企業は両方に進出しています。

ホーチミンの鉄道「メトロ１号」は、日本企業によって建設中で、23年中に完成する予定です。ハノイのメトロは21年に開業していますが、これを建設したのは中国企業です。

ベトナムの通貨はドンで、対日本円の為替レートの推移を見ると、１ドン＝０・０４５円前後から０・０６円前後の範囲で推移しています。21年に入って以降は、円安ドン高傾

図表9-1 ベトナムの人口推移予測

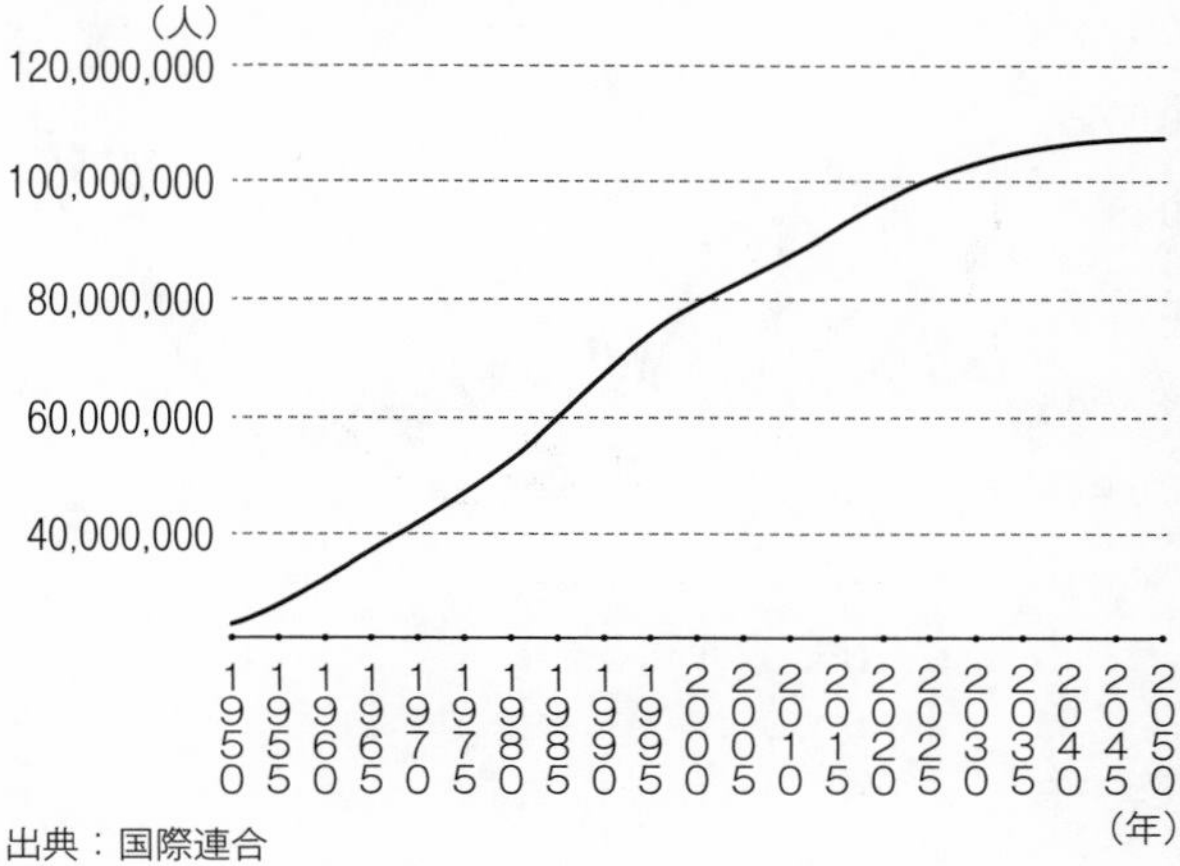

出典：国際連合

図表9-2 ベトナムのGDP推移

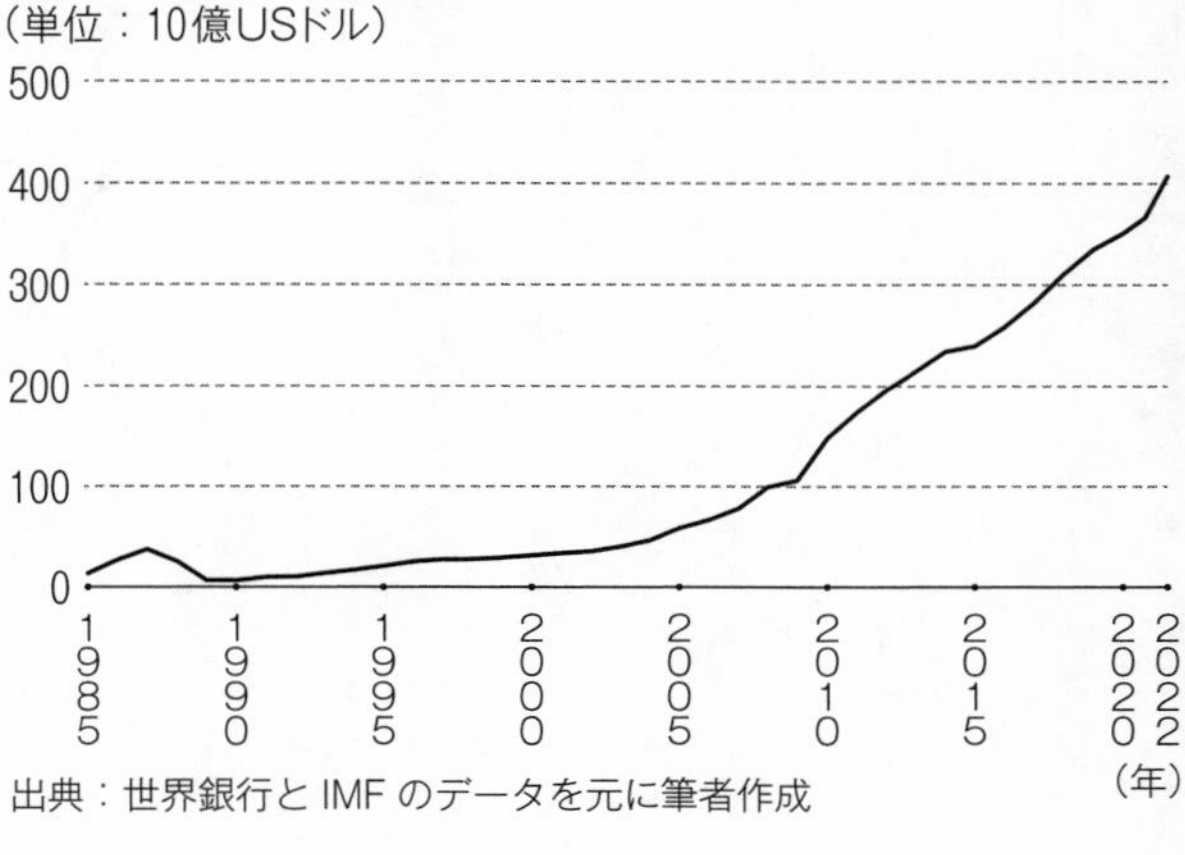

出典：世界銀行と IMF のデータを元に筆者作成

図表9-3 ベトナム・ドンの為替推移［VND／JPY］

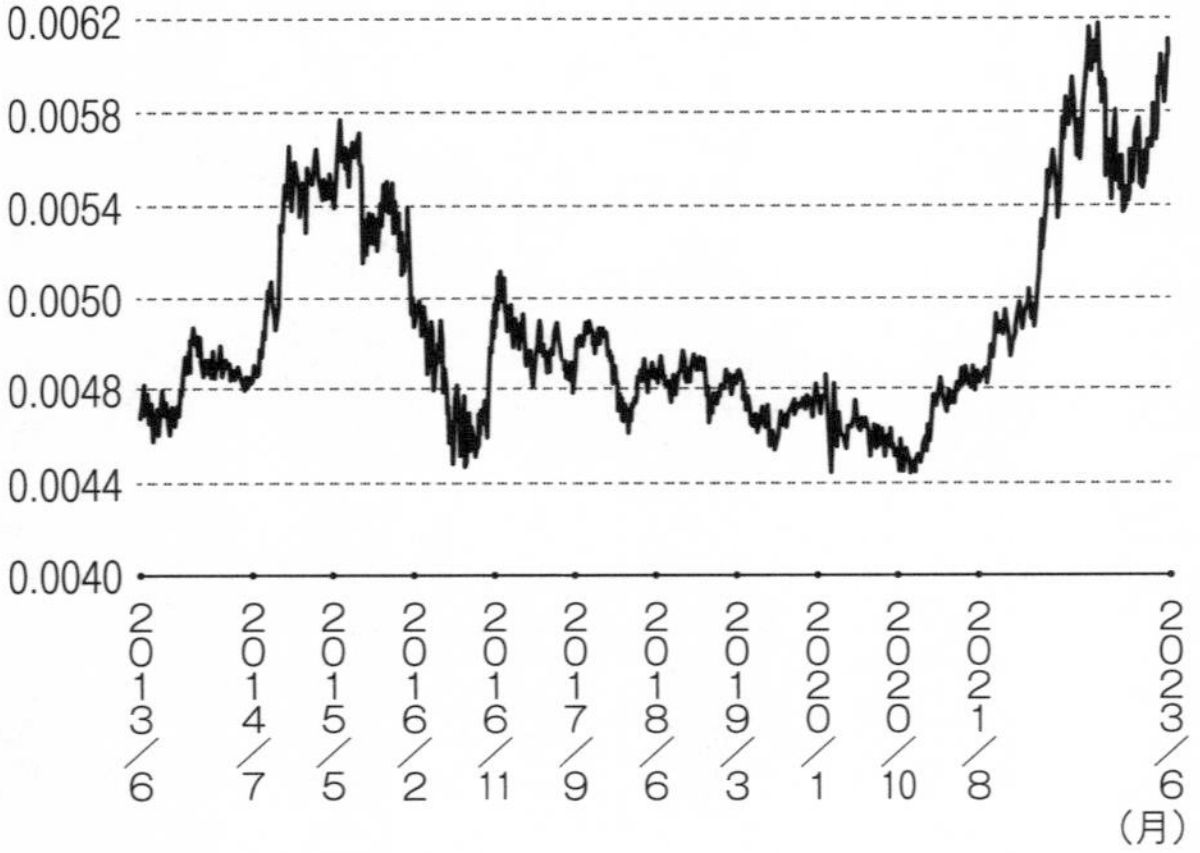

向が続いています。これまでに見てきたフィリピンやタイの通貨の動きに比べると、上下動が多い分、通貨としてはやや弱く、安定性にも多少欠けるといえるかもしれません。

不動産の所有解禁は2015年

ベトナムで外国人の不動産所有が解禁されたのは、2015年です。外国人が購入できるのは新築のコンドミニアムのみで、それも建築物全体の30%が上限となっています。

他国と違うのは、外国人が中古の不動産を買えるのは、売り手も外国人である場合のみという点です。外国人が所有している中古物件ならば、別の外国人が買うことができます。しかし、ベトナム人が所有している不動産を外国人が買うことはできず、これは非常に特徴的な政策といえます。しかも、外国人に新築物件の所有が認められたのが15年ということは、まだ10年も経っていません。このため、外国人が買える中古物件はそれほど多くないというのが現状です。

また、所有権が50年更新制になっています。50年間の所有権は認められており、50年後に更新する権利もあります。ただ、まだ誰も50年間所有しておらず、社会主義国であることを考えると、政権次第では50年後にどうなっているかは誰にもわかりません。

ベトナムの不動産に、こうした不透明性さがあるのは確かです。

ちなみに、ベトナム人が不動産を購入する際には、所有権の更新制はありません。ベトナム人向けと外国人向けの２つの制度が別々に存在する状況なのです。

タイほどではありませんが、ベトナムの不動産開発には、日系企業が多数参画しています。不動産開発には外資規制がないので、地元企業とのジョイントベンチャー形式だけでなく、日系企業単体で開発を行っている不動産もあります。たとえば、ハノイ近郊のハイフォンでは、親会社である大和ハウス工業から引き継いでフジタが不動産開発プロジェクトを行っています。

一戸建てではありませんが、日本でタウンハウスやテラスハウスと呼ばれるような、横にいくつかの家が連なった物件も、コンドミニアムの一種ということで外国人の購入が可能です。この場合も、1つのエリア（団地）のうち30％が購入の上限です。外国人は土地の購入はできませんので、上物の建物のみの購入、所有となります。

なお、隣国のカンボジアにも同様のタウンハウス形式の住宅が開発されており、販売されています。

公用語はベトナム語で、不動産取引においてもベトナム語が使用されますが、依頼すれば契約書などは英語併記にしてくれます。

市街地で通じるのはベトナム語だけで、ホテルや高級レストランを除けば、英語はほとんど通じません。むしろ日本語を勉強しているベトナム人のほうが多いかもしれません。彼らは日本で仕事を探す目的で勉強をしています。

言葉の壁があるからか、ベトナムに移住しようという人は少数です。セカンドハウスの需要も低く、ベトナムに行く目的は、仕事か観光がほとんどです。同様に、ベトナムの不動産を購入するのも、主な目的は投資です。

コロナで不動産市況が暗転

ベトナムは社会主義国ということもあり、決して外国人にオープンな国ではありません。

実際、コロナ禍では、外国人は誰もベトナムに入国することができず、不動産を買うこともできませんでした。そのため、ここ数年のベトナムの不動産市況は悪く、価格も下がっています。

ベトナム最大の不動産開発企業ノバランド（NovaLand）でさえ業績がかんばしくなく、存続が危ぶまれています。ハノイに本社があるＦＬＣグループも有数の不動産会社ですが、不正会計で上場廃止になりました。現在、ベトナムの不動産を取り巻く環境は混沌としているといえるでしょう。

コロナ前はローカル需要が強く、ベトナム人の中間層が不動産を購入していたため、不動産市場は活況を呈していました。ハノイとホーチミンでは、年間約５万戸の新築物件が販売されていましたが、それでも売れ残ることはありませんでした。それほど好調だったにもかかわらず、コロナ禍で建築にも販売にも急ブレーキがかかってしまったのです。日本やアメリカなど多くの国では、コロナを機に不動産価格が上昇し始めたと言いましたが、ベトナムではその兆候が見られません。それだけに、不動産価格が下がっている今が「買いどき」だと見ることもできます。

投資先として有望なエリアはどこか?

不動産投資先として有望なエリアは、ホーチミン、ハノイ、ダナンです。

ホーチミンは日本人に最もなじみのある経済都市であり、欧米人も含めて多くの駐在員がいます。賃貸需要が強く、今後の発展も期待できます。

ホーチミンの中では、1区2区のプライムエリアはもちろん、7区のフーミーフンという高級住宅エリアも、投資先として有望です。ここは、マレーシアのクアラルンプールにおけるモントキアラのようなエリアで、インターナショナルスクールなどがあり、日本人家族も多く居住しています。

また、ホーチミン郊外に新空港の建設が進められているため、その新空港と中心部の中間にある９区も不動産開発が進んでおり、長い目でみると狙い目です。

ハノイは首都でありながら、不動産価格はホーチミンの半額から70％くらいと安価です。ハノイは南北に長いベトナムの北部にあるため、1年中暑いホーチミンとは異なり、四季があって、乾季は寒く雨季は暑い気候です。社会主義国の政治の中心都市ですから、派手さはなく、住宅も団地に近いような地味な建物が多い印象があります。

不動産投資の目線でいえば、政治家や官僚が多く住んでいる都市であり、政治と無縁のビジネスもありませんから、企業はハノイにも拠点を置き、人員を配置します。

人口も多いため、不動産の賃貸価格は底堅く、経済の発展に伴って価格が上昇する可能性も十分にあります。

こうした点で、ハノイも不動産投資先として有望といえるでしょう。

一方、ダナンは、南北のちょうど中間ぐらいに位置する海沿いの都市で、リゾート地です。ホテル・コンドミニアムの物件が多くあり、セカンドハウスの需要もあります。

有望とはいったものの、人気が高いエリアのため、すでに土地がなく、ビーチ沿いのオーシャンビューの新築物件は、もう供給がないかもしれません。

玄人向きだが、キャピタルゲインの期待大

不動産の購入方法は、マレーシアと同じくプログレッシブペイメントが主流です。

ベトナムでは、外国人が銀行口座を開設するのが難しく、海外に送金するための手続きが非常に煩雑で難易度が高いという特徴があります。このため、現地のプロパティ・マネジメントの会社に資金のやり取りを依頼したり、資金面の手続きに精通している会社に管理を任せる必要があります。

正直なところ、これまで紹介した8カ国のなかでは、ベトナムが最も玄人、あるいはセミプロ向きだといえます。それでも紹介する理由には、経済成長力が8%と高く、それだけ不動産価格の上昇が見込める点と、外国人で不動産を所有している人がまだ少ない点が挙げられます。中古が買えるのは、外国人が所有している物件だけと言いましたが、その希少性から今後、価格が何倍にも上がる可能性もあると見ています。

規制や制限が多く売買できる物件が少ないほど、売ったときのキャピタルゲインが大き

くなるのは、実は珍しいことではありません。

こうした点から、ベトナムも海外不動産投資先として検討する価値が十分にあると考えています。

ベトナムの注目物件

ベトナムでは日系企業の開発案件が多いため、安心感のあるプロジェクトを選定することが容易です。

特に今、注目の大規模開発は、野村不動産と三菱商事が現地最大手のデベロッパーであるビンホームズと共同開発をしている、ホーチミン旧９区のトゥドゥック東部新都市における「Grand Park」というプロジェクトです。272ヘクタールの敷地に学校、病院、モール棟などが建設され、住宅の総戸数は４万戸以上の新都市であり、2019年に発表されると１万ユニットが２週間強で売れたという、現地でも有名な案件となっています。

すでに一部の区画は竣工し、入居も始まっていますが、他区画の開発も進んでおり、現在は「Glory Heights」という区画が販売されています。2024年10月に竣工、引き渡し予定で、最低価格は約1000万円と、ホーチミンの中心部の物件と比べて単価が非常に低いのが特徴です。

本物件を販売しているビンホームズの販売正規代理店であるVietnam GrooveのHang CEOは、「ビンホームズは圧倒的なブランド力がありながら、日本企業が参画していることで、現地の中間層をはじめとして大変人気がある。2023年のメトロ開通、2025年の環状3号線開通など周辺のインフラも整っていくなかで、様変わりしていくホーチミンの東部には期待してほしい。また、ホーチミンの中心部は不動産価格が高騰していることもあり、購入検討は徐々に郊外に移ってきている」と語っています。

現地に詳しいエージェントに最新の状況を聞きながら、慎重に物件の選定をしていきましょう。

物件名：Grand Park Glory Heights
場所：トゥドゥック市
広さ：約27㎡～
参考ユニット：約27㎡　VTD1.16M（約970万円）
※１VTD ＝0.006円

オーストラリア

ここまで8カ国の不動産についてご紹介をしてきました。他にも投資候補先として、ヨーロッパやオーストラリアが選択肢に挙げられますが、最後に、日本人には嬉しい税制度改正があったオーストラリアを付け加えておきたいと思います。

オーストラリアの不動産は、外国人が購入できるのは新築のみで、中古不動産はオーストラリア人の市場となります。そのため、新築のコンドミニアムか一戸建てを検討することになります。

2023年、シドニーを州都とするニューサウスウェールズ州では、7%の追加印紙税がかからなくなりました。それまで、1億円の物件を購入する場合、700万円を収めていたので、これは投資家にとって非常に有益な改正です。ちなみに日本を含め8カ国で本印紙税が免除されます。

２０１０年よりオーストラリアで不動産を取り扱っているＧＩＭキャピタルプロフェッショナル株式会社の鶴氏にお話を聞いたところ、オーストラリアでは不動産オーナーの権利が強く、コロナ禍においても不動産市場は硬調でした。しかし、現在、空室率が１％程度と、住宅不足が続いていることもあり、今年は家賃が全豪州で77ドルも高上がりしています。

人口増加とともに、将来性が高く評価されている状態で、地域差があることもチャンスといえます。購入する場合は、シドニーだけではなく、メルボルンやブリスベン、ゴールドコーストなど、各都市の特長や時期を見極めることも必要とのことです。

なお、現地に来ず、日本にいながら購入する人が多いのも特徴です。

オーストラリアの戸建住宅は基本、煉瓦造です。煉瓦は１００年経っても現役で利用できる上、年数を経ることで、さらにその価値が上がっていきます。

シドニーなどは「買わない、買えない」人々が多く、それこそがオーナーの有利さを強調します。国の平均年齢が38歳以下なのも、買えない層が多い理由です。

賃貸は、現地管理会社を入念に選ぶところから始まります。鶴氏の会社では、弁護士や税理士、銀行員も、協業している日本人でサポートしているそうです。お客様からは、「遠隔地でも不動産を保有しやすい」と好評で、その理由には、「年に2回、物件内部写真送付」といったサービスを実施されていることもあるようです。

オーストラリアの注目物件

現在注目のプロジェクトは、メルボルンに開業した、ザ・リッツ・カールトンホテルと同じタワー内部にある「Westside Place」です。

メルボルンはシドニーと並ぶ大都市で、人口はシドニーを抜き、全豪で第1位の都市になりました。世界で最も住みやすい街としても有名です。

本物件は、リッツ・カールトンが入るだけあって、交通アクセスの良い場所に位置していながら、シドニーの同程度の物件と比較して70%程度と、非常にお手頃な価格といえます。

物件名：Westside Place
場所：メルボルン
広さ：約62.7㎡～
参考ユニット：約62.7㎡　AUS 619,400（約5,575万円）
※1 AUS ＝90円

Chapter 10

海外に踏み出すために知っておくべきポイント

国ごとの特色を理解したら、実際にどのように海外不動産購入に着手したらいいのでしょうか。日本の不動産取引の文化や慣習と異なることも多いので、国内不動産のプロであっても、海外不動産の取引方法には戸惑いを感じるはずです。本章では、初めて海外不動産を検討する方が、物件の選定から保有・売却まで、最低限、知っておくべきことについてまとめました。

購入物件の選定で80%が決まる

海外不動産投資で失敗しないためには、日本で不動産投資を行う場合とは異なる配慮が求められることになります。

まずは購入物件の選定方法を見ていきましょう。日本の不動産投資と共通するポイントも含まれているので、日本で購入を検討する際にも参考になると思います。

不動産投資においてキャピタルゲインが出るか出ないかは、購入する物件がすべてです。購入時にキャピタルゲインが出る物件か出ない物件か予想することは、比較的容易です。ですから、売却時に利益が生まれるかどうかは、「買ったときにすべてが決まっている」と言っても過言ではありません。

①今後発展していくエリアを選ぶ

公共工事の計画や都市開発計画は各メディアで報道されていますし、インターネットで調べることもできます。将来の不動産価格に大きな影響を及ぼす計画、特に公共インフラである鉄道路線、高速道路、橋といったところは必ず確認をしましょう。オフィス、商業、住宅などの都市開発において大規模なものであれば、大きく街の価値が上がってきます。一般財団法人運輸総合研究所の調査によると、東南アジアの交通インフラの発表、開業前後の土地価格の推移を比べると、発表後から土地価格に上昇が見られ、開業後も堅調に上昇しています。

②周辺価格と比較する

今後発展していくエリアを絞ったら、次に行うことは、周辺エリアとの物件価格を比較することです。

すなわち、周辺のエリア（もしくは先行し、発展している商業圏）の不動産価格や直近での上昇率、新規売り出しの物件価格で最も高い物件を確認します。先行している商業圏の不動産価格が上昇しているということは、今後発展するエリアの不動産もそのエリアの価格に近づいていくと予想されます。同じ都市圏において最も価格が高いエリアとの間に価格差がつき、かつ価格上昇余力があることを確認した上で、実際の物件を選定していきます。

選定したエリア内で物件を絞り込むときは、クオリティ、利便性（立地）、環境の比較も重要ですが、最も重要なのは「エリア内価格ギャップ」です。

同じエリア内に複数の候補となる物件があるときに必ず行うことで、それぞれの物件の特徴が異なれば、物件価格（単価）も様々です。たとえば、デベロッパーごとに価格設定が異なるため、駅から徒歩10分の立地と駅前の立地では、駅前の立地にもかかわらず不動産の単価が安い場合があります。売却時には、基本的に次の買い主もほかの物件と比較して単価が安いものを購入します。購入時に価格競争力のある物件を購入できれば、今後、売却時にほかの高い単価の物件と同じ単価で売り出しても売却できる可能性があります。

こうしたことからキャピタルゲインの確度が想定できます。

③支払方法と期間を確認する

各章でも紹介したように、海外不動産の支払方法は国によって異なります。タイや日本のように、手付金を支払って竣工した際に残代金を支払う国もあれば、マレーシアやベトナム、ドバイのように、工事の進捗度合いに応じて売買代金の数十％ずつを支払っていくプログレッシブペイメントを採用している国もあります。この場合は、建築途中でも売買代金の50％以上を先行して支払うことになります。フィリピンにおいては、分割払いを毎月行い、竣工が近づいてきたら残代金を支払うという方法もあります。

プログレッシブペイメントについては１４３ページでも説明していますが、一定の金額を先行して支払いをするということは資金を寝かすことになるので、投資家としては投資効率が良いとはいえません。またローンを前提として購入を検討する場合は、引き渡しを受ける前から金利が発生してしまいます。

フィリピン、タイ、アメリカ、韓国は、比較的引き渡しの近い段階まで残代金の支払いが発生しないので、投資家としては望ましい支払方法といえます。特に私が仕事をしていた不動産ファンドや機関投資家が投資を考える際の重要な投資指標であるＩＲＲ（内部収益率：Internal Rate of Return）を算出すると、まとまった支払いをいかに引き渡し直前にできるかどうかで投資効率が変わってきます。

フィリピンでは、分割払いといっても複数の支払方法から選択することができる（フレキシブルペイメントターム）ため、最も投資効率の良い支払方法を選択するようにしましょう。

④契約に必要なコストを確認する

海外不動産を購入するにあたって、不動産価格以外に必要な費用を確認しましょう。

●契約時の公証役場での認証費用

ハーグ条約に加盟している国同士の契約文書は、大使館・総領事館での認証が不要となっており、日本の公証人による文書（アポスティーユ）を取得することで適法化されます。公証人認証の手数料は1通につき1万1500円程度で、文書の数は5～10通ほどになります。本書で紹介している国では、アメリカ、フィリピン、韓国が加盟しています。

●引き渡し前の税金、登記費用

日本の不動産と同様に、取得に関しての税金や登記費用が発生します。通常、デベロッパーによって登記が行われるので、経費類はそのデベロッパーごとで異なりますが、一般的には物件価格の4～6％程度です。たまに10％程度を請求してくるデベロッパーもありますので、事前に確認をしておきましょう。

●付帯設備費

東南アジアの不動産には、日本の不動産と同じような設備はついていないことを理解しておく必要があります。たとえば、ベトナムの住宅には基本的にキッチンや電気設備（配線）は付帯していません。引き渡し後にキッチンの設置工事と配線工事を行う必要がありますそのためベトナムの不動産では、物件価格に加えて100万～200万円程度の追加費用がかかります。

　フィリピンの不動産ではハイエンドの物件であってもキッチンに電気コンロがついていないことがあります。また給湯器もついていないので、シャワーでお湯を使う場合はシャワー用の給湯設備をつける必要があります。こういった設備はフィリピンでは安価に販売されています。

　また日本では一般的な壁紙（クロス）も、日本以外はどの国でも張られていないのが普通です。クロスを張る張らないで賃料が上がることはないので、張らないことが一般的なのです。

　住宅を貸し出す前に、内装は必ず行う必要があります。内装の程度を表す「パーシャルファーニッシュド（セミファーニッシュド）」や「フリーファーニッシュド」というカテゴリーがあり、賃貸募集の際、情報として必ず記載されます。

　パーシャルファーニッシュドは、照明やカーテンがついていることを指します。フリーファーニッシュドでは、ベッド、ソファ、テーブルなどの家具をはじめ、テレビや冷蔵庫、洗濯機、ドライヤー（乾燥機）、エアコンなどの家電が付帯しています。つまり、スーツケース１つで住むことが可能な状態で、外国人に賃貸することを想定するならばフリーファーニッシュドが好ましいです。家具家電の金額は国によって異なりますが、30平米程度の物件をフリーファーニッシュドにするのは１００万円以下で可能です。

また、入居前に行う工事をリノベーションといいますが、日本のような大がかりなリフォームの定義ではないため、誤解のないように注意する必要があります。

日本とは異なる視点から出口戦略を考えることが必要

出口戦略（物件の売却に関する計画）、不動産エージェントの選び方、税金対策は、どれも物件から得られる利益に深く関わってくる事柄であるため、日本との違いを踏まえ、特に細心の注意を払わなければなりません。

まず、出口戦略の注意点から見ていくと、Chapter1でも触れたように、日本国内の不動産投資では、築年数の経過とともに物件価格と家賃は下がるのが通常です。日本の賃金の上昇がないことも不動産価値が下がっていく傾向の原因となっています。

その一方で、物件の経年劣化に伴い、維持管理費用など必要経費は上がっていきます。

長期間の運用を続ければ、賃料を維持したり、空室を防ぐための対策が必要になってきます。物件によっては取得する賃料収入以上に物件価格が減少してしまう可能性がありま す。こうなってしまうと投資としては失敗ですので、その前のタイミングで物件を売却することが重要になります。

このように、日本国内の不動産投資では、物件価格と家賃が下落していくことを前提として出口戦略を考えます。特に、これからの日本では人口減少によって住宅需要が低下していくことが見込まれるので、物件価格と家賃の下落傾向はさらに強まっていきます。

しかし、海外では人口増加中の国もあるため、日本の不動産投資とは違う視点から出口戦略を立てることが求められます。

具体的な出口戦略のポイントとしては、まず「物件購入後、何年経過してから売却するのか」について、物件購入前の時点で、ある程度決めておくことが必要です。

物件の保有期間は、それぞれの投資家ごとに設計していきます。日本の不動産のように、インカムゲインを確保して生活を安定させたいと考えている人もいます。他方で、海外不動産においては、短期で売却してキャピタルゲインを取得しようと考える人もいます。この場合、日本に居住している人であれば、物件の竣工から5年超の期間で譲渡税が圧縮できますので、中途半端に短期で売却するよりメリットがあります。

海外不動産エージェント選びも重要

国内の不動産取引では、宅建業者が不動産のプロとして売買や賃貸の仲介等を行っています。海外不動産の世界では、同様の役割を不動産エージェントと呼ばれる人が担っています。日本の宅建業者になるためには、「宅地建物取引士」という国家資格に合格しなければなりません。一方、日本で海外不動産を取り扱う人に対しての国家資格や制度はありません。そのため、海外不動産を取り扱う人が日本の不動産の専門家（＝宅地建物取引士）である必要はありません。極端な話、日本の不動産取引をしたことのない人が、急に海外不動産取引の仲介業を始めることも可能だということです。

ここでは、日本で海外不動産取引のサポートを行う人を「海外不動産エージェント」と呼ぶこととします。

海外不動産エージェントは、物件の選定から契約書の作成、購入代金の支払いなど、海外不動産投資で求められる作業を幅広くサポートします。そのため、依頼するエージェントの質や能力によって、海外不動産投資の成否が大きく左右されることになります。

万が一、質や能力が不十分なエージェントのサポートを受けてしまうと、大きな成長が期待できる国や地域の不動産に投資しても、満足のいく利益を上げられない可能性もあります。そのような事態を避けるためにも、エージェントを選ぶときには、最大限の注意を払うことが必要です。

では、理想的なエージェントを見つけ出すためには、どのようなことを意識すれば良いのでしょうか。

まず不動産のプロの世界は、医者や弁護士の世界と同じだと考えると良いでしょう。たとえば、医者の場合は、内科・眼科・皮膚科というように、それぞれ専門分野が分かれています。弁護士の場合も、企業法務に強い人、民事に強い人、刑事事件に強い人などと、得意分野が異なります。不動産に関してもこれらと同じで、業者やエージェントは各々が専門や得意分野を持っています。

不動産は売買（購入・売却）、管理、賃貸というように分野が分かれています。投資も対象によってオフィス、住宅などに分かれており、仲介業者もそれぞれの分野に分かれているのです。

また、取り扱う不動産が国内にあるのか、国外にあるのかによって、国内を専門とするプロ、海外を専門とするプロに分けることもできます。海外不動産に関しては、日本の不動産のプロであり、かつ海外不動産のプロであることが望ましいでしょう。というのも、日本国内の不動産取引を扱ったことのない人が、海外の不動産取引に関して適切なアドバイスをすることは難しいからです。

たとえば、日本国内の不動産に関する幅広い領域の経験や知識があれば、海外不動産の売却、賃貸の場面でも、それはどういう人が購入するのか（日本人なのか・外国人なのか・機関投資家なのか）、借りるのかといった想像がつくので、最適な買い手や借り手にターゲットを絞った売却や賃貸の戦略を策定することが可能です。

さらに、海外不動産を取り扱う上では現地での「経験」と「人脈」が重要になります。不動産価格の妥当性を判断する上で必要となる、正確な情報を入手できる現地のネットワークがあるかどうかによって、「相場以上に高い不動産をつかまされる」というような事態を防げるか否かが変わってくるのです。

こうした現実的な観点から、日本と海外両方の不動産に精通していることが、海外不動産エージェントには必須の条件として求められることになります。

エージェントに支払う適正な報酬額

不動産業者に日本の不動産の仲介等を依頼するときは、宅地建物取引業法（宅建業法）によって、報酬（仲介手数料）の上限が「3％＋6万円」と定められています。

一方、海外の不動産取引に関しては宅建業法が適用されません（今後、日本国内の営業行為については適用される可能性があります）。

つまり、現在は海外不動産の仲介等を行う上で宅建免許は必要ありませんし、仲介手数料の上限もありません。プロに依頼して報酬の上限がないのは、M＆Aのサポートなどを請け負うファイナンシャルアドバイザーと同じといえるかもしれません。

仲介等を請け負う海外不動産エージェントに支払う料金は、成約した不動産価格の割合によって計算します。最低50万円から、料率は8％までが一般的です。名目はコンサルティング報酬やアドバイザリー報酬など、エージェントによってまちまちです。

報酬の額が適正であるか否かを判断するためには、エージェントがその費用でどこまでの範囲のことを行ってくれるのかを確認することが必要です。

エージェントなしで海外不動産投資を進めるのは難しい

なかには「不動産エージェントが行うことを自分でやれば、報酬を支払わずに済むのではないか」と思う人もいるでしょう。特に英語力に自信がある人は、アメリカやフィリピン、カンボジア、マレーシアといった英語が通じる国であれば、デベロッパーや売り主などと直接やり取りすることにトライしてみたくなるかもしれません。実際、日本の不動産であれば、新築・中古を問わず仲介業者なしで売買が行われるケースも珍しくありません。

しかし、海外不動産を巡る取引は、複雑かつ高度な専門性が求められるため、単に英語ができるだけで行えるようなものではありません。現地の法制度や不動産マーケットの実情、商慣習などに関する幅広い知識やノウハウを備えていなければ、とても太刀打ちはできないと断言できます。試しに自分ですべてのやり取りを行おうとしても、途中でギブアップすることになるのは間違いありません。結局は、報酬を払ってエージェントに依頼する流れになるはずです。

また、継続的に海外の不動産を購入するつもりであれば、報酬を惜しむよりもエージェントのサポートを受けるほうが、結果として安全で、得をする可能性が高いでしょう。

たとえば、物件を買い増す際、リセール（再販売）に出る物件や安い物件の情報は誰もが欲しいものです。報酬を値切らず、しっかりと支払えば、エージェントは喜んで、そうした有益な情報を提供してくれるはずです。エージェントとのネットワークや信頼関係の構築は、一般投資家として成功されている方にも共通するポイントです。

海外不動産投資で想定される二大リスク

次に海外不動産における2つのリスクについて掘り下げていきたいと思います。

①工事の遅延のリスク

まずは工事の遅延のリスクです。日本では考えられないことですが、海外不動産の建設工事は、スケジュール通りにいかない場合があります。特にフィリピンでは、Chapter3で述べたように不動産の工事が遅れがちです。

まず確認しておきたいのは、工事がスタートしているかどうかということです。プレビルドでは、販売数が一定数に満たないと工事を開始しないこともあります。そのため、売れ行きが悪い物件を購入してしまうと、工事のスタートが遅れ、竣工も遅延することになります。購入時にはプロジェクトの売れ行きについても確認する必要があります。

一方で、売り出しが開始された直後を「プレセール」と呼びますが、このときの不動産価格は市場価格よりも安く売り出されています。良いプロジェクトと判断できれば、このタイミングで購入するとキャピタルゲインを多く得ることができます。

成長国の新築物件の価格は毎年5～10％程度改定（上昇）します。つまり最初に購入した人は、3年後に購入する人よりもかなり安い価格で購入できることになります。もちろん、この際のリスクは、前述の通り、人気《にんき》のないプロジェクトでは工事がなかなかスタートしない、ということになります。

②フリップ（竣工前転売）のリスク

フリップとは、「短期転売」と訳されることが多いのですが、ここでは竣工前転売として説明します。フィリピンやベトナム、ドバイの不動産では竣工前の地位譲渡が慣習として頻繁に行われており、その手法を「フリップ」と呼びます。フリップのメリットは、売買代金の残金を支払っていない状態で売却し、利益を確定できることです。

たとえば、2000万円の不動産を購入して、300万円しか売買代金を支払っていないときに10％不動産価格が上昇している状態で売却できれば、2000万円×10％＝200万円をプラスして売買することになり、投資金が300万円でキャピタルゲインは200万円となります。とても投資効率が良いため、フリップ前提で購入する人もいますが、デベロッパーが地位譲渡を許可しないと、この投資手法は成立しません。

また、デベロッパーは譲渡に関する手数料を請求してきます。この手数料金額が各社異なり、非常に高額な金額を請求してくるデベロッパーもいるので、事前の確認が必要です。

海外で税金を納めた場合には外国税額控除制度を活用する

最後に税金対策のポイントについて解説します。

まず、海外の不動産投資を開始したときには、翌年に確定申告が必要になります。利益が出たのに確定申告をしないでいると、後で追徴課税される恐れがあります。

一方、投資の収益が赤字になった場合には、損益通算によって所得税の還付が期待できます。したがって利益の有無にかかわらず、確定申告をすることが重要です。

また、日本だけではなく投資先の国でも所得税などの税金が発生することがあります。「日本での納税と二重払いになるのでは」と不安に思われるかもしれませんが、海外で支払った税金に関しては日本国内で控除できる外国税額控除制度があります。日本は多くの国々と租税条約という税金に関する取り決めを結んでおり、課税したのが租税条約を締結している国であれば、外国税額控除制度を利用することが可能です。本書で紹介している国は、カンボジア以外は締結されています。

ただし、外国税額控除制度の存在は投資家にとって安心材料ですが、制度が適用されるタイミングはケースバイケースなので注意が必要です。
たとえば、海外不動産を売却した場合に日本と海外の両方で不動産譲渡税が課税され、両方の国で満額の税金を納税してから、後で還付金を受け取るという手順になることもあります。事前に確認し、損のないように納税しましょう。

このように、海外不動産選びで失敗しないためには、押さえておくべきポイントや、考えておかなければいけないリスクなどがあります。信頼できるエージェントは欠かせませんが、エージェントに頼り切るだけではなく、一定の基礎知識を投資家として備えておくと、より安心した海外不動産投資ができるでしょう。

Chapter 11

富裕層への
ロードマップ

日本の不動産投資で勝つために

ここまで海外不動産への投資について見てきましたが、まだまだ海外はハードルが高いので、まずは日本での不動産投資を行って、資金を増やしたいという読者の方もいるかもしれません。もちろん、それを否定はしません。ただ、日本で不動産投資を成功させるためには、コツがいります。最後となる本章では、まずは日本で勝つ方法から解説していきましょう。

そもそも富裕層になるための不動産投資で最も大切なことは、「キャピタルゲイン狙い」に的を絞ることです。本書でも何度も出てきていますが、キャピタルゲインとは、言うまでもなく不動産を売ったときに得られる収益のことです。「物件を、いかに安く買って、高く売るか」という商売の基本が大事になります。

なぜ、このような基本的なことをあらためて述べるのかといえば、日本国内の不動産投資では、賃貸収入を得る「インカムゲイン狙い」がことさら強調されるからです。しかし、それでは、いくら人生100年時代でも、富裕層になる前に自分の寿命が尽きてしまいます。インカムゲインだけでは、老後の不安を減らすことはできても、永遠に富裕層にはなれないのです。

そもそも、このインカムゲインという言葉、日本でつくられたものだと知っていますか？　キャピタルゲインは、れっきとした英語であり世界で通じますが、インカムゲインは和製英語のため海外では通じません。なぜ、わざわざそんな言葉をつくったのでしょうか。

それは、日本の不動産ではキャピタルゲインがほとんど得られないからです。買った価格よりも高い価格で不動産が売れれば、キャピタルゲインが得られます。しかし、日本では、アベノミクスからコロナバブルにかけてといった特殊な恩恵を除いては、基本的に買った価格よりも低い価格でしか売れないため、キャピタルゲインが得られないのです。

もちろん、Chapter1で述べたように、港区、渋谷区、千代田区など、日本のごく一部のエリアでは、これからも不動産価格の上昇が予想され、キャピタルゲインが期待できます。しかし、これは例外です。多くの日本の不動産は、新築時の価格が一番高く、築年数が経過するにつれて安くなり、何十年かで値段がつかなくなり、最後はお金を払って処分しなければならない「負動産」となるのが実状です。

そこで、キャピタルゲインの対になる言葉として出てきたのが、賃貸収入を得るインカムゲインです。日本ではキャピタルゲインが得られないので、賃貸収入で稼ぐインカムゲインを狙って不動産投資を行いましょう、ということなのです。

日本でキャピタルゲインを得る2つの方法

日本の不動産市場はすでに成熟しており、キャピタルゲインを得ようと思ったら方法は2つしかありません。

まず1つは、不動産のプロになること。不動産のプロである不動産会社であれば、不動産一つひとつの価値を正確に測定できますので、市場価値よりも安い価格の不動産を買うことができ、キャピタルゲインを得ることもできるでしょう。また、売却をしたい人が売却依頼をするのは、不動産の仲介会社などの「プロ」です。仲介会社や買取会社は日本に多数あり、一定の資本力もあるため、「これは安い」と思った案件は、市場に流れることなくプロが買取をして転売してしまいます。中古車市場と同じというと、イメージしやすいでしょうか。

つまり、言い換えれば日本の不動産市場でキャピタルゲインが狙える物件を買えるのはプロだけ。プロが圧倒的に有利で強く、個人投資家が太刀打ちできるような市場ではないのです。

もう1つの、多くの方が挑戦できるであろう方法。それは、自宅を購入し、価格が上がったときに売ってキャピタルゲインを得るというものです。

現在、日本で自宅を買うために組む住宅ローンの金利は1％にも満たないほどで、世界で一番低金利のローンだと言っても過言ではありません。そのため、住宅ローンを組んで自宅を購入し、価格が上がったところで売れば、数千万円のキャピタルゲインを得ることも可能です。

先ほど日本では基本的に価格上昇はあり得ないと言いましたので、それはできないのではないかと思われたかもしれません。重要なのは、「いつ売るか」ということです。

ご存じの通り、経済は浮き沈みするものです。当然、日本も例外ではなく、不動産価格の上昇する時期が巡ってくることがあります。実際、高度経済成長期には、物価も不動産価格も右肩上がりだったため、日本でも、新築時の購入価格よりも中古で売るときの価格のほうが高くなり、キャピタルゲインを得ることができました。

先述したように、1990年代前半のバブル経済崩壊後でも、アベノミクスが最盛期を迎えていた一時期、不動産価格が上昇し、キャピタルゲインを得られた時期がありました。

また、コロナ後の2023年現在も、不動産価格は上昇しています。日本企業の株価が上昇しているからで、株価と連動する不動産価格も上昇しているのです。いわゆるコロナバブルです。

ですから現在、自宅を持っている人には、私はこう言っています。

「今が自宅を高く売るラストチャンスかもしれません」

Chapter1でも述べた通り、日本の人口減少がこれからさらに進めば、住宅にしろ、オフィスにしろ、不動産の需要は減っていきます。需要が減れば、当然、価格も下がります。

もしキャピタルゲインを得られる自宅を持っているなら、迷わず売って、今のうちにキャピタルゲインを得ることをおすすめします。今がその時機なのです。

しかも、自宅を売って得たキャピタルゲインであれば、３０００万円まで税額が控除されます。これを活用しない手はありません。

「自宅すごろく」は日本での勝ち筋の一つ

自宅を売ってキャピタルゲインが得られたなら、そのまま凍結させることなく、再投資に回しましょう。それが、富裕層へ近づく道です。

再投資先は、海外不動産ももちろん選択肢の一つですが、もう一度、より価格の高い自宅を日本で買うという方法があります。自宅の購入には、また世界一金利の低い住宅ローンが組めますし、キャピタルゲインも3年に一度であれば３０００万円までは無税です。

こうした自宅の買い換えを繰り返す「自宅すごろく」によって金融資産を増やしていくことが、日本におけるキャピタルゲイン狙いの不動産投資では勝ち筋の一つだと私は考えています。

また、日本に自宅を所有していると、それを担保に金融機関からお金を借りることができるので、海外の不動産を買いやすくなります。ハワイなど一部を除いて、海外の不動産を買う際、その不動産を担保に日本の金融機関からお金を借りることはできないと言いました。しかし、日本の不動産であれば、それを担保にして、日本の金融機関でローンを組むことができるのです。

新築ワンルームマンションに投資してはいけない

さて、それならばわざわざ自宅を売買せずに、ワンルームマンション投資やアパート経営を検討しているという人もいるかもしれません。しかし、はっきり言って、これらの投資でキャピタルゲインを得ることは不可能です。特に新築ワンルームマンション投資は、インカムゲインすら得られない可能性が高い。なぜなのか、その仕組みを簡単に説明しましょう。

たとえば3000万円の新築ワンルームマンションを、全額ローンを組んで投資用に買ったとしましょう。毎月の支払額が9万円で、家賃収入がそれ以上であれば毎月プラスが出ますが、多くの場合、家賃収入のほうが低額になります。それはつまり、インカムゲインがないということです。仮に家賃収入が8万円だとしたら、差額の1万円が毎月の赤字としてどんどん積み上がっていきます。

ただ、これでは誰も新築ワンルームマンションを買いません。そこで不動産会社は、「この1万円は保険料です」と説明します。そう言えるのは、購入者が亡くなった場合、団体信用生命保険によってローンの残金の支払いが免除され、かつワンルームマンションを手に入れられるからです。そのため、新築のワンルームマンションの購入をすすめる不動産会社は、「保険代わりになりますよ」などと言うのです。30年ローンを組んで、30年後にローンを完済した場合も、3000万円のワンルームマンションが手に入りますので、「これで老後も安心ですね」というわけです。

しかし、築5年のワンルームマンションが、新築時と同じ3000万円で売れるかといえば、基本的に売れません。場所や管理状況などにもよりますが、2000万円でも売れないかもしれません。

それほど価格が下がってしまう理由は、新築ワンルームの投資用ローンが提携ローンとして高いレバレッジ（借り入れ率）で提供されていること、中古のワンルームになった際には、次の買い主が、新築の買い主と同様の好条件のローンを使うのが難しいこと、そして、ワンルームマンションの需要が今後、大幅に減少していくことなどが挙げられます。

一つずつ説明していきましょう。

「住宅ローン」と「投資用ローン」の大きな違い

そもそもワンルームマンションの購入では、世界一金利が低い住宅ローンを組むことができません。なぜなら住宅ローンには、多くの場合、40平米以上という住宅面積の制限があるためです。一部、30平米から住宅ローンを組める金融機関もありますが、ワンルームマンションの多くは30平米もないため、たとえ「自分が住むためだ」と主張しても、住宅ローンを組むことができないのです。

そのため、金利が高い提携の投資用ローンを組んで購入することになります。金利は2～4%となり、これが家賃収入よりもローンの支払いのほうが高くなる要因の一つとなっています。

さらに、次に購入する投資家も、金利の高い投資用ローンを組んで購入することになりますので、売主がローンを完済する前に売ろうと思っても、なかなか売れません。買い主は、少なくとも5％以上の利回りが得られる価格でしか買わないからです。

では、いくらなら5％以上の利回りが得られるのか。それは物件ごとに違いますが、新築時の7掛け、6掛けは当たり前。半額になってしまう物件もあるでしょう。

このように新築ワンルームマンション投資では、キャピタルゲインがゼロどころか大幅なマイナスになります。しかもインカムゲインも得られないとしたら、いったい何のための投資なのでしょうか。

そして、賃貸ワンルームマンションに住むのは多くが学生や若い社会人などの単身者ですが、少子化で若年層の人口が減り続けていますので、ワンルームマンションの需要が減る一方なのは明白です。

以上の理由から、新築ワンルームマンション投資が、富裕層を目指すには程遠い投資であることが、わかっていただけたと思います。

ちなみに、このワンルームマンション投資を不動産会社にすすめられやすいのは、地方公務員です。勤務先倒産のリスクがなく収入が安定している地方公務員は、投資用ローンが組みやすい上、安定志向で金融リテラシーが低い人も多いため、「保険代わりになります」「節税になります」「老後に備えられます」などという誘い文句に乗ってしまうのかもしれません。

さらに補足しておくと、投資用ローンを組んでいると、その後に住宅ローンを組もうとしたときに、「審査が通らない」あるいは「条件が悪くなる」ことがあります。ローンとは、言ってみれば借金です。金融機関としては、すでにある借金の金額を考慮に入れて、さらにお金を貸すかどうかを検討します。ゆえに、お得なはずの住宅ローンが使えなくなったり、条件が悪くなったりするのです。

したがって、富裕層を目指すなら、まずは日本で住宅ローンを組み、自宅を購入するのがベストです。「自宅すごろく」ができれば、何度もキャピタルゲインが得られ、次への投資資金をさらに増やすことができます。

「日本では、住宅ローンが使えない不動産を買ってはいけない」

このことは覚えておいて損はないと思います。

海外で最初に買うべき物件はコレだ！

日本でキャピタルゲインを得て、数千万円の金融資産がある準富裕層になったら、いよいよ海外不動産への投資が視野に入ってきます。ここでは、これまでの章で述べてきたことを踏まえ、「海外不動産に投資することで富裕層になる」ための、オーソドックスな道のりをご紹介したいと思います。

ステップ１：新興国で２０００万円以下の住宅用コンドミニアムを購入する
ステップ２：ホテル・コンドミニアムを購入する
**　または、アメリカ・テキサス州の不動産を購入する**

初めて海外不動産を購入するのであれば、いきなり高額な物件を買うよりも、まずは2000万円以下の物件を1つ買うことをおすすめします。

キャピタルゲイン狙いですので、経済と人口の大きな成長が見込める新興国が候補となります。具体的には、フィリピン、カンボジア、ベトナムなどの都市部の中心エリアで、買うのは住宅用コンドミニアムです。

　オフィス用コンドミニアムは面積が広く価格も高くなるため、最初の購入物件としては適しません。また、ホテル・コンドミニアムも、オペレーション（管理）費用が上乗せされるため、同じ面積なら住宅用よりも高くなります。同面積、同品質のコンドミニアムで、ホテル用が２０００万円だとしたら、住宅用は１２００万円ぐらいで買うことができます。国やエリアによっては、半額くらいの場合もあります。安く買える分、得られるキャピタルゲインが多額になるため、住宅用コンドミニアムがおすすめなのです。

　なかでも一番の狙い目は、新築の住宅用コンドミニアムの「プレビルド」です。プレビルドで買った物件を数年間保有し、竣工前に転売します。プレビルドは工事が進むにつれて値段が上がっていきますから、数年経って販売すれば、その分のキャピタルゲインを得ることができるのです。Chapter10でも紹介した、いわゆる「フリップ」という手法です。

　フリップを行う場合、たとえば２０００万円の物件をプレビルドで購入します。それを3年間保有し、その間に手付金を含めて５００万円を支払いました。３年後に３０００万円で転売できたら、キャピタルゲインは500万円になります。つまり、3年間で500万円が1000万円と、2倍になったわけです。これだけのキャピタルゲインが得られるのは、住宅用コンドミニアムだけです。海外不動産投資の1件目で、500万～1000万円のキャピタルゲインが得られれば上出来です。

もちろん、資金に余裕があれば、最初から2000万円以上の高額の物件を購入し、一気に数千万円のキャピタルゲインを得ることも可能です。しかし、当然そこにはリスクも伴います。

竣工前に転売ができなかった場合は、残代金の支払いをしなければいけません。その場合、手元資金額によっては、すでに保有している資産を売却、あるいは日本の不動産担保ローンを活用して残代金に充てる必要が出てきます。高額物件であるほど、残代金も上がります。

リスクヘッジのためには、契約をする段階で、数年先の残代金支払い時の資金計画まで検討しておくことが望ましいです。国内不動産を担保にした海外不動産購入用のローンは複数の銀行で提供していますので、現在の国内不動産を活用してどの程度のローン金額を借り入れできるのか、あらかじめエージェントに確認するようにしてください。

なお、1億円以上の金融資産があれば、最初からニューヨークやドバイ、またはオーストラリアの高額物件を買うこともできます。高額物件を売買するのは富裕層なので、富裕層の人気が高い国やエリアは、それだけ不動産の流動性が高く、売りたいときに売れるというメリットがあります。残代金支払いのリスクも低いといえるでしょう。

ただし、マレーシアではこうしたプレビルド転売が禁止されているので、最初の不動産投資の国としては適しません。

超短期、大量売買で一気に富裕層へ

ややアクロバティックではありますが、一気に富裕層になりたいという場合には、一定の戸数を超短期に転売する方法もあります。

大型プロジェクトでは、何百戸もの物件が、第1期、第2期、第3期などと時期を分けてプレビルドで販売され、これらをまとめ買いすると、ディスカウントされることがあります。

たとえば、50戸まとめて買うと10％ディスカウントされるとしましょう。

1戸の正規価格が２０００万円なら、50戸で10億円のところを9億円で購入できます。

しかも手付金なしで買うことができるものもあるので、その分、毎月の支払金額は高くなりますが、それでも1戸当たり毎月３万円ぐらい、50戸なので毎月の支払額は１５０万円になります。

購入した50戸が半年以内にすべて正規価格で売れれば、ディスカウント額の1億円が手に入ります。半年間の支払金額は１５０万円×６カ月＝９００万円。つまり、諸費用や為替を考慮しなければ、差し引き９１００万円のキャピタルゲインを得ることができるのです。

もちろん売れないというリスクもあります。ただ、半年ですべて売れなくても、半分の25戸が売れ、残りを1年以内に売り切れば、さらに４５０万円支払いが増えますが、それでも１３５０万円の投資で、1年後に８６５０万円のキャピタルゲインが得られます。

完売までの期間が長くなればなるほど、支払金額は増えますので、それだけ投資効率は下がりますが、人気のあるエリアのプロジェクトや売れ行きが早いプロジェクトであれば数カ月から数年の間には完売するでしょう。

一方で、実際に売り切ることができなくなった場合には、竣工時の残代金の支払いが発生します。その資金面の手当てができないと、支払った金額の一部または全部を放棄することになるため、この手法は、個人投資家というよりも、一定の資金力があってリスクテイクできる人向けといえます。特に日本で行っている人は稀で、通常、中国や香港、シンガポールなどのプロのエージェントが行っている手法です。

どちらにしても、できるだけ早く売って十分なキャピタルゲインを得るためには、人気があるエリアのプロジェクトなのか、今後人気が出る可能性が高いエリアなのかといった見極めが重要です。

ホテル・コンドミニアムでステップアップ

さて、オーソドックスな富裕層への道のりに話を戻しましょう。

海外の住宅用コンドミニアムを1戸購入し、500万～1000万円のキャピタルゲインを得たら、それを元手に、次は5％以上の利回りが見込めるホテル・コンドミニアムの購入をおすすめします。

ホテル・コンドミニアムの利点は、オペレーション費用を支払って管理を任せることができ、手間がほとんどかからないことです。買い取り保証がついている物件もあり、「だから安心」とまでは言い切れませんが、エージェントや不動産会社をきちんと見極めれば、安定的な収入が見込めます。すでに開業しているホテル・コンドミニアムであれば、実際の部屋の稼働状況などを見て買うことができるので、それだけリスクを下げることも可能です。インカムゲインを得ながら、売るときにはキャピタルゲインも期待できます。

再投資先として購入するホテル・コンドミニアムであれば、自分が行きたいリゾート地を選ぶのもいいでしょう。アメリカのハワイや韓国、タイ、マレーシア、フィリピン、ベトナム、ドバイなど、様々なエリアが検討できます。ホテル・コンドミニアムを買えば、所有者として年間10泊ぐらいできますので、そうした楽しみのために不動産投資を行うのも悪くありません。

アメリカ・テキサス州の不動産も狙い目

ホテル・コンドミニアムは、利回りを期待するインカムゲインと、売ったときのキャピタルゲインの両方を狙った投資となりますが、確実にキャピタルゲインを狙えるアメリカの物件も、両方を狙った投資としておすすめです。

アメリカは、過去の住宅価格の推移を見ればわかるように、堅調に価格が上がってきた実績があり、世界最大の経済大国でありながら、今後もさらなる経済成長、人口増加が見込まれています。しかも、不動産売買取引の透明性が高いため、新興国に投資するよりもリスクが低く、安全性が高いというメリットもあります。

ただ、Chapter2でもお伝えした通り、ニューヨークや西海岸の都市部の物件などは価格が非常に高く、1億円程度の金融資産があってもなかなか手が出ません。そういった意味では、今後の発展が期待されている中南部・テキサス州は狙い目です。前述のように、テキサス州であれば、中古戸建て物件が3000万円くらいで購入でき、5％以上の利回りが期待できる上、キャピタルゲインももちろん狙えます。

自分が住みたい国への不動産投資もおすすめ

こうしてステップアップして、リゾート地のホテル・コンドミニアムやテキサス州の住宅を購入したころにはきっと、金融資産1億円以上の富裕層の仲間入りができていることでしょう。

その先、どういった不動産投資を行っていくかは人それぞれですが、タイやマレーシアに、いかにも海外の住宅といった開放的な物件を購入し、悠々自適に、優雅な老後生活を満喫している人も多くいます。

今回紹介できなかったインドネシアにも、バリ島をはじめとした有数のリゾート地があり、首都ジャカルタも急速に発展しています。不動産開発がさらに進めば、他の東南アジア諸国と同様に有力な投資先となる可能性があります。

もちろん、東南アジア以外にも、世界には魅力的な都市やリゾート地がたくさんあります。そうした自分が興味のある、自分が好きな国やエリアの不動産に投資するのも一つの方法です。好きな国であれば、多少の手間や面倒事もクリアできるからです。

とにかく言えることは、日本円が、まだプレゼンスがある（世界で価値がある）今がラストチャンスだということです。まずは日本の家に固執せず、売れる今、売ってください。

そして、ぜひ多くの人が富裕層になり、自分らしく、満足感と質の高い生活を楽しんでほしいと願っています。

おわりに

近年、不動産と人の関わり方に大きな変化が訪れています。オフィスに出社することが絶対ではなくなり、会議はオンラインが主流になってきました。海外では日本以上にリモートワークが定着し、オフィスビルの空室率は高いままになっています。

不動産の取引においては、実際に現地に見に行くというプロセスを経ず、動画やライブ配信による確認だけで購入を決めることが多くなりました。

不動産投資ではクラウドファンディング型投資商品の登場や、セキュリティトークン（ＳＴ）という形で小口化されるなどして、流動性が高くなっています。また、厳密には不動産とは異なりますが、メタバース（仮想空間）上の土地がＮＦＴ（Non-Fungible Token、非代替性トークン）として販売されるようなことも起きています。

自動翻訳ツールの使用が当たり前になり、国境を超えた不動産取引が日々行われています。コロナ前から、中国人投資家による海外不動産物件の爆買いにより、ニュージーランドでは外国人による不動産の購入が禁止されました。このように保護主義的な不動産政策を採用する国もあれば、日本のように外国人に対しての所有・投資規制が一切ないというオープンな国もあります。世界の投資家が日本の不動産購入を検討するように、日本の投資家も世界の不動産を選択肢に加えることが必要だと、私は考えています。

働き方の多拠点化も拡がっています。日本を拠点の一つとして、海外を中心に生活することもあるでしょう。海外での経験を活かして日本で起業をする人も少しずつ増えてきました。

今後、日本の市場が大きくなることは期待できませんが、「世界を含めた中で、日本も選択肢の一つ」という捉え方でビジネスや投資をしていければ、未来が広がります。なかでも、起業や海外移住と比べたら、日本に居住しながら行う海外不動産投資のハードルは低いでしょう。ぜひ多くの方に実践していただきたいと思います。

一方、各国の不動産制度は複雑で、それぞれ異なるため、調べることはできても、一人では実践しにくいのが海外不動産投資だと思います。当然、エージェントに頼ることになりますが、その伴走するエージェントには、高い専門性が必要になります。さらに、それが日本人となると、かなり限られてきます。私たちは、そのような優秀な日本人エージェントを育てることも、投資家の育成と同様に大切だと考えています。

もし、今回取り上げていないヨーロッパや南米、アフリカなどの国でも、何か地縁があったり、興味があったりするのであれば、信頼できるエージェントを見つけて、どんどん検討していただきたいと思います。もちろん、私たちにご相談いただくことも可能です。

本書をきっかけに、一人でも多くの方が、富裕層への一歩を踏み出していただければ幸いです。

最後になりましたが、本書の発刊にあたり、各国でインタビューをさせていただきました プロフェッショナルの皆様、コロナ後、2022年から15カ国ほどを巡るなかで、最新の不動産情報を現地で教えてくれたデベロッパーやエージェンシー各社、またご同行いただいた皆様、プロパティアクセスのウェビナーやイベントに毎回参加いただいているメールマガジン会員、ＬＩＮＥフォロワーの皆様、YouTubeチャンネルの登録者の皆様に感謝申し上げます。

２０２３年９月

風戸裕樹

装　幀　佐々木博則
編集協力　坂田博史
写　真　筆者提供
図表作成　株式会社ウエイド

《著者略歴》
風戸裕樹（かざと・ひろき）
Property Access株式会社代表取締役
2004年早稲田大学商学部卒業。不動産仲介、不動産投資ファンド勤務を経て、2010年不動産仲介透明化フォーラム（FCT）設立。売却エージェントサービス「売却のミカタ」を開始し全国展開。2014年ソニー不動産にFCT社を売却。
ソニー不動産執行役員として、創業に携わるとともに事業を拡大。2016年シンガポールに移住後東南アジア各国を廻り、シンガポール、フィリピン、米国、日本に拠点を構える。世界の不動産を紹介する「世界の家・投資フェア」を主宰。著書に『失敗しない海外不動産投資』（PHPエディターズ・グループ）がある。

なぜ富裕層は海外不動産に投資するのか
本気で資産を増やしたい人の最終手段

2023年9月21日　第1版第1刷発行

著　者　　風戸裕樹

発　行　　株式会社ＰＨＰエディターズ・グループ
〒135-0061　東京都江東区豊洲5-6-52
☎03-6204-2931
https://www.peg.co.jp/

印　刷
製　本　　シナノ印刷株式会社

ISBN978-4-910739-37-3